WINGS

AMIR OR

Translated from the Hebrew

by Seth Michelson

First published as כנפים (*Knafayim*) by Ha-kibbutz Ha-meuchad

Set in Williams Caslon Text with LaTeX.

ISBN: 978-1-944697-55-6 (paperback)
Library of Congress Control Number: 2018930973

Sagging Meniscus Press
saggingmeniscus.com

W I N G S

Contents

I

Morning Poems

Bathed in Blue

The Journey (A Diary)

1

2

Prayer Poems

Two Sacred Songs

II

The Pantheon

Mr. Man

Poems of Reckoning

I

אגדת בוקר

עִם שַׁחַר קָם אִישׁ וּפָתַח חַלּוֹנוֹ:
קַו שֶׁמֶשׁ – מִמִּזְרָח וְעַד יָם! –
וְנָגַע עַד לִבּוֹ, וְהֵאִיר יְגוֹנוֹ,
וַיֹּאמֶר: יָפֶה הָעוֹלָם.
וַיֹּאמֶר: עַל מַה כֹּה נִדְכֵּאתִי מָרָה?
מַה חֲלוֹם בִּי עָבַר? אֶתְעוֹרֵר!
עוֹלָם חָדָשׁ לִי הַבֹּקֶר אֶבְרָא;
אֶהְיֶה! – אֵין מָתַי אַחֵר.
אֶל עוֹלַם הֶעָלִים אָקוּם וְאֵצֵא,
אֶגַּע בְּלִבּוֹ הַיָּרֹק!
כְּפַרְפַּר אֲרַפְרֵף בֵּין פְּרָחִים וְאֶמְצֶה
אֶת צוּף הַחַיִּים הַמָּתוֹק.
אָז יָצָא, לֹא הִרְחִיק; עֲשָׂרָה צְעָדִים
חַפִּים מֵחַיִּים שֶׁהָיוּ,
עִם שַׁחַר צָעַד מוּל מִזְרָח מַאְדִּים,
וְעֵינָיו נִפְקְחוּ וְרָאוּ.
עֲשָׂרָה צְעָדִים,לֹא יוֹתֵר. בִּשְׁבִילוֹ –
אֲרֻכִּים מֵחַיָּיו שֶׁעַד פֹּה:
בְּתוֹךְ רֶגַע-הַצּוּף מִי יֵדַע אֶתְמוֹלוֹ,
עֲשָׂרָה נְצָחִים מִי יְסַפֵּר?
אֵי פַּעַם אֵי שָׁם אֶל עֵדֶן נִשְׁכָּח
עִם שַׁחַר קָם אִישׁ – וּפָתַח.

A Morning Legend

A man rose at dawn and opened his window:
a line of sun – from east to west!
It reached into his heart and lit his sorrow,
and he said: Beautiful is the world.
And he said: Why was I so bitterly depressed?
What dream passed through me? Let me wake!
I'll create a new world just this morning;
I shall be! – there is no other when.
I'll rise and greet the world of leaves,
let me touch its green heart!
Like a butterfly I'll flutter
among flowers and suck life's sweet nectar.
So he set forth, but not far: ten steps,
a life cleared of its past, by dawn
he walked against the reddening east,
and his eyes opened and saw.
Ten steps, no more. But they were
longer than his life to that point:
Once finding nectar, who can recognize yesterday,
who can count ten eternities?
Once upon a time, a man rose at dawn
and emerged to a forgotten Eden.

Morning Poems

שירי בוקר

אלבה

אֲפֹרֵי שַׁחַר, קְלוּשֵׁי אוֹר,
שְׁמֵי חַלּוֹנִי נֵעוֹרוּ.

Alba

Dawn-gray, streaked with light,
my window-sky awoke.

כבר פה

בֹּקֶר, וְהָעוֹלָם כְּבָר פֹּה;
יַחַד הִגַּעְנוּ
אֶל קַו הַהַתְחָלָה,
יְלָדִים שֶׁל רֶגַע
שֶׁשְּׁמָם אֲנִי.

Already Here

Morning, and the world
is already here;
we've arrived together
to the starting line,
children of a moment
whose name is I.

מתוך

מִתּוֹךְ הַלַּיְלָה
עָלִים מִתְמַתְּחִים לָצֵאת
אֶל בֹּקֶר סַגְרִיר.

From the Night

From the night
leaves stretch forth
to emerge into blustery dawn.

אל תשאל

לַמִּשְׁטָח שֶׁמִּתַּחַת לַדַּף קְרָא שֻׁלְחָן.
אַל תִּשְׁאַל מִלִּים אֵיךְ הִגִּיעוּ לְכָאן.
הַבֵּט בְּעוֹלָם הֶעָלִים: קְרָא לוֹ עֵץ.
עַל טְרַף הַבֹּקֶר אֱגֶל טַל מִתְנוֹצֵץ.
אַל תִּשְׁאַל אֵיךְ, שְׁאַל מִנַּיִן:
צוּרַת הַדְּבָרִים הִיא צוּרַת הָעַיִן.

Don't Ask

Mark the surface under the page. Call it Desk.
Don't ask about words, how they've arrived here.
Watch the leaves' world. Call it Tree.
A drop of dew shines on a morning leaf.
Don't ask how, ask where from:
The shape of things is the shape of the eye.

אפורים

אֲפֹרִים הַשָּׁמַיִם, עֲרֵמִים עֲצֵי הַלִּבְנֶה.
הַיָּד אוֹחֶזֶת בָּעֵט, הָעַיִן בַּמַּרְאוֹת,
הַיּוֹם נִפְקָח לְאִטּוֹ.

Gray

The sky is gray, the lindens naked.
A hand holds a pen, the eye what can be seen.
Slowly the day opens into being.

שיחת ציפור

שִׂיחַת צִפּוֹר שֶׁלֹּא תִּלְאֶה
מִלְּסַפֵּר שִׁבְחֵי הַבֹּקֶר
פּוֹלַחַת אֶת תְּנוּמַת הָעֲנָפִים.

Bird Talk

The talk of a bird that doesn't tire
of praising the morning's beauty
cuts through the sleep of branches.

רק

רַק רַעֲמַת הַפִּיקוּס פּוֹרַעַת
אֶת הַקַּו הַנָּטוּי בֵּין הָאָפֵל לַבָּהִיר,
רַק הַלֵּב אֶת הַגְּבוּל
שֶׁבֵּין אֵין לְבֵין יֵשׁ.

Only

Only the shaggy ficus blurs the line
stretched between light and dark,
only the heart blurs the boundary
between what is and is not.

פריחה

אֶרוֹס שֶׁל פְּרִיחָה מְרַפְרֵף בְּחַלּוֹנִי
בֵּין שִׂיחֵי הַבּוּגֶנְוִילְיָה, סָח לִי:
גַּם אַתָּה לֹא תַּחְמֹק מֵאֲבִיב הַיְצוּרִים.
וַאֲנִי – טוֹבֵעַ בַּצּוּף, פּוֹתֵחַ לוֹ שׁוּב,
דְּבוֹרָה עַמְלָנִית שֶׁכְּמוֹתוֹ.

Blossom

An Eros of blossoms flutters at my window
telling me through the bougainvillaea:
Nor will you escape this Spring of creatures.
And I, drowning in nectar, open
once more for him, the busy bee!

בין

בֵּין עֲנָפִים תָּלוּי אֲהִיל נְיָר אָדֹם
וּדְרָקוֹנִים שְׁחוֹרִים מְצֻיָּרִים עָלָיו.
בַּהִשְׁתַּקְפוּת שֶׁמַּכְפִּילָה אֶת חַלּוֹנִי
אֲנִי רוֹאֶה אֶת בֶּן דְּמוּתִי יוֹשֵׁב רָכוּן
אֶל שֻׁלְחָנוֹ בְּנוֹף הָעֵץ שֶׁמִּימִינִי,
כּוֹתֵב עָלַי, עַל בֶּן דְּמוּתוֹ שֶׁפֹּה כָּלוּא
בְּבָבוּאָה מוּצֶקֶת, סְגוּרָה, לֹא חֲדִירָה
כְּמוֹ זְבוּב בְּתוֹךְ צִנְצֶנֶת.
שֶׁנִּתְחַלֵּף? אֲנִי מַצִּיעַ, אֲבָל הוּא
טוֹבֵל בְּעוֹלָמוֹ, בְּיֶרֶק מְאֻשָּׁר,
וּבְחֶמְלָה מֵצִיץ בִּי רַק כְּדֵי לִרְשֹׁם
אֶת כֶּלֶא עוֹלָמִי בְּקַו נִרְתָּע, מָהִיר.
נִגָּשׁ אֶל הַחַלּוֹן, כִּמְעַט אָנוּ נוֹגְעִים,
נַפְשִׁי יוֹצֵאת אֶל קִיּוּמוֹ הָאַוְרִירִי
רוֹחֶצֶת בֵּין צְלָלִים עָלִים וְאוֹר קָלוּשׁ
מִבַּעַד לְגוּפוֹ הַקַּל,
הַטּוֹב לָהּ בְּהַרְבֵּה מִזֶּה.

Between

Between branches hangs a red paper lamp
painted with black dragons.
In the reflection that doubles my window
I see my double leaning
towards his desk in the foliage of the tree to my right,
where he's writing about me, his double,
who's imprisoned here
in a closed, solid, and impenetrable reflection
like a fly inside a bottle.
Shall we swap places? I suggest, and he,
immersed in his world, his happy greenery,
glances kindly on me, but only to sketch
my prison-world with fast-flicked lines.
I lean into the window; we're almost touching,
my soul reaching for his airy existence,
bathed in shadows, leaves, and thin light,
through his diaphanous body
which is for a soul so much better
than mine.

הראו לי

הַרְאוּ לִי אֶת הָעֵץ
שֶׁאַף מַבָּט לֹא נָח עָלָיו.
שָׁם בֵּין עֲנָפַי
מְקַנֶּנֶת יְדִיעָה.

Show Me

Show me the tree
that no gaze reaches.
There among my branches
a knowing nests.

פנים

מַשָּׁב קָרִיר לוֹטֵף עוֹרִי בַּלָּאט
אוֹר שַׁחַר נָח עָדִין עַל הֶעָלִים
עוֹלָם פּוֹקֵחַ אֵבָרָיו לְאַט
בְּכָל מָקוֹם פָּנַי שׁוּב מִתְגַּלִּים.

Face

Silently a cool breeze strokes my skin
the light of dawn lies gently on the leaves
a world, slowly, is opening its limbs
everywhere my face reveals itself again.

מבעד

עַנְפֵי הַפִּיקוּס בַּמִּרְפֶּסֶת
מַחְבֶּרֶת, עֵט, זַהֲרוּרִים שֶׁל אוֹר
מִבַּעַד לְמָסַךְ פְּרָחִים וְיֶרֶק
נַהַם מְנוֹעִים, קוֹלוֹת
הָאֲנָשִׁים בָּרְחוֹב.

Through

The ficus at my window,
a notebook, a pen, sparks of light.
Through a curtain of flowers and greenery,
the roar of engines, the voices
of people in the street.

רגע

לְתָאֵר אֶת הָרֶגַע הַזֶּה מִי יָכוֹל? –
רַק אֲנִי פֹּה יוֹשֵׁב לְבַדִּי
לְהַבִּיט בְּכָל זֶה בְּלִי אֹמֶר:
עוֹד הַדְּבַשׁ בָּאֲוִיר, הַיָּרֹק בַּכֹּל.
רַק זְבוּב מַחְשָׁבָה יְחִידִי
מְעוֹפֵף עַל פְּנֵי עֵדֶן הַבֹּקֶר.

Moment

Who could describe this moment?
Me sitting here alone
watching it all without words:
Honey hanging in the air, green everywhere.
A lone thought-fly
hovering over this paradise of morning.

שיעורים

1

מִקְדַּם בַּבֹּקֶר
אֶת שְׂפַת טַלְטֶלָתָם
שֶׁל עֲנָפִים בָּרוּחַ
אֲנִי רוֹצָה לִלְמֹד.

2

נְשֹׁב בִּי גַּם אֲנִי,
לַמֵּד אוֹתִי לְהִטַּלְטֵל
מִלִּים בְּרוּחַ.

3

פְּרֹשׂ אֶת מְטַּת עֲנָפַי,
לַמֵּד אוֹתִי לִהְיוֹת
הָעֵץ שֶׁאֲנִי.

4

מֵעֹמֶק הָרַקְבּוּבִית וְעַד רֵיחַ הַפְּרָחִים,
כָּבְדִּי הַטּוֹב, עֲמִידָתִי,
חַיַּי.

5

עָלִים עוֹלִים,
עָלִים נוֹפְלִים,
וַאֲנִי.

Lessons

1

Early in the morning
I wish to learn
the language of swaying
branches in the wind.

2

Blow at me, too, wind,
teach me to sway
words into spirit.

3

Open my branches,
teach me to be
the tree that I am.

4

From the depth of humus to the scent of flowers,
my good weight, my standing,
my life.

5

Leaves rise
and leaves fall,
as do I.

Bathed in Blue

בהתעטף

חדר מלון

חֲדַר מָלוֹן – כֵּן, שׁוּם דָּבָר אִישִׁי;
סְבִיבִי רַק דּוּמִיַּת הַיְשֵׁנִים.
וְגַם אֲנִי עָזוּב פֹּה לְנַפְשִׁי,
מַבִּיט בָּרְאִי וְלֹא רוֹאֶה פָּנִים.
מִנַּיִן בָּאתִי וּלְאָן אֵלֵךְ?
הָיָה לִי שֵׁם, אֶזְכֹּר, הָיוּ חַיִּים...
אַךְ בְּלִבִּי רַק שִׁמָּמוֹן מוֹלֵךְ,
וּבְרֹאשִׁי מוֹעֶצֶת רְפָאִים.
אַךְ דַּי, אָקוּם, אֵצֵא בְּלִי פַּחַד,
אֶטְרֹף לִי מֵחָדָשׁ קְלָפֵי גּוֹרָל!
וְעִם הַמָּוֶת אֲשַׂחֵק הַפַּעַם
עַל כָּל קֻפַּת חַיַּי פֹּה לְשָׁלָל.
רַק הָרְאִי, עוֹד בְּשֶׁלוֹ, לִי סָח:
אֵינִי רוֹאֶה אוֹתְךָ – עֵינֶיךָ פְּקַח!

Hotel Room

A hotel room – yes, nowhere personal;
nothing around me but the silence of sleepers.
And I, too, left alone,
watch a mirror where no face appears.
Where did I come from, and where am I headed?
I remember I'd had a name once, and a life...
yet in my heart desolation rules,
and in my head a council of ghosts.
But enough; let me rise, emerge without fear,
let me reshuffle the cards of destiny!
And let me play this time against death
with the treasure of my life as the prize.
Only the mirror, ever obstinate, says:
I can't see you – open your eyes!

שלל

בְּשׁוֹא גַּלֵּי הַנֶּפֶשׁ שָׁח עוֹלָם,
תְּמוּנוֹת הַנִּצָּחוֹן הָפְכוּ אָבָק,
דַּפְנָה נוֹבֶלֶת עַל קִבְרִי, וְשָׁם
יוֹשֵׁב אֲנִי, מֵרִיק אֶת הָאַרְנָק.
הִנֵּה שְׁלָלִי מוּטָל, זְהַב שׁוּרוֹתַי:
שִׁירֵי אָדָם – תְּשׁוּקָה, חֶשְׁבּוֹן, תְּפִלָּה;
וּמְגַחֵךְ אֵלַי הַזְּמַן, לֹא דַּי! –
רֵיקָה תָּמִיד קֻפַּת הַתְּהִלָּה.
לָעַד יִנּוֹן שִׁמְךָ בִּי, סָח הַשִּׁיר,
גּוּפְךָ יִכְבֶּה, אַךְ לֹא דְּבָרֶיךָ אֵלֶּה.
אַךְ מַה לִּי אוֹר אַחֵר? שׁוּב לֹא אָמִיר
אֶת רֶגַע הַמָּעוֹף בְּנֶצַח מֶלֶל:
עַכְשָׁו מֵאִיר הַיּוֹם, אֵין לוֹ שֵׁנִי,
וְרַק הַבָּז לִשְׁלַל יוֹמוֹ – עָנִי.

Treasure

When the waves of a soul rise, a world withdraws,
images of victory turned to dust,
laurel withering on my grave, here
where I'm sitting, emptying my purse.
Here my treasure is made, the gold of my lines:
songs of man – desire, introspection, prayer,
though time laughs at me, saying *Not enough!*
The treasure chest of glory is always empty.
Forever will your name thrive in me, says the poem,
your body will die, but not your words.
But what do I need another light for? I won't again
swap the moment of flight for an eternity of words:
the day blazes up, knowing no other,
and only he who despises the treasure of his days – is poor.

לילה

בּוֹא אֵלַי לַיְלָה, כַּסֵּנִי עֵינַיִם,
בְּמַרְאוֹת חֲשֵׁכָה יִטְבַּע מַבָּטִי.
לֹא תּוֹכִי, לֹא בָּרִי יֵעוֹרוּ לִשְׁמֹעַ
אֶת מִשְׁפַּט הָאוֹר הַדּוֹעֵךְ עַל פָּנַי.

בּוֹא אֵלַי לַיְלָה, גְּדוֹלִים הַשָּׁמַיִם,
בִּשְׂמִיכַת שִׁכְחָה כַּסֵּה נָא אוֹתִי.
הַנַּח לִי בְּצֵל אֵינוּתִי פֹּה לִשְׁקֹעַ,
לָנוּחַ, לִשְׁכֹּחַ אֶת מְלֶאכֶת הַחַי.

בּוֹא אֵלַי לַיְלָה, שֶׁאֲנִי כַּפַּיִם
אֶל קַצְווֹת מַחְשָׁבָה, שָׁם חַיַּי וּמוֹתִי
חָפְשִׁיִּים שׁוּב מִפֶּשֶׁר יִתַּמּוּ לְרֶגַע,
יִשְׁקְעוּ עֲיֵפֵי קִיּוּמָם שׁוּב אֵלַי.

Night

Come to me, night, cover me with eyes,
let my gaze drown in sites of darkness.
Neither what's inside me nor out will wake to hear
the verdict of the light dying out on my face.

Come to me, night, vast is the sky,
cover me please with a blanket of oblivion.
Let me sink into the shadow of my nothingness here
to rest and forget the business of living.

Come to me, night, carry me on your arms
to the ends of thought, where my life and death
freed again from meaning come to rest,
sinking back into me, wearied of being.

כורע

כּוֹרֵעַ כָּאן אֲנִי, עַל דַּף וִדּוּי
דּוֹחֶה אֶת קֵץ דְּבָרַי, מָשׁוּל לְמֵת.
שׁוּרָה חוֹלֶפֶת – אֵין בָּהּ שׁוּם פִּתּוּי
לְהִתְוַדּוֹת עַל עֶצֶב הָאֱמֶת.
אֵינֶנִּי מְשֻׁגָּע – עַל אֵשׁ קְטַנָּה
יוֹם יוֹם לִבִּי בְּסִיר חַיָּיו רוֹתֵחַ;
פּוֹעֵל כְּפִיָּה שֶׁל קִיּוּמִי, אֶשְׂנָא
אֶת טִפְּשׁוּתִי שֶׁבָּהּ אֲנִי בּוֹטֵחַ.
אֶכְתֹּב אֵפוֹא עוֹד שִׁיר בְּיַד עָפָר,
עַל פְּנֵי חָזִי אֶמְתַּח אֶת מֵיתָרוֹ;
וּמִן הַדַּף אָשִׁיר "זְמַנִּי עָבַר" –
הֲרֵי מִלִּים תָּמִיד תּוּכְלוּ לִקְרֹא.
עַד כָּאן דְּבָרַי – אַנִּיחַ אֶת הָעֵט;
חֲלוֹם חָלַמְתִּי וְאָקִיץ כָּעֵת.

Kneeling

Here I am, kneeling on a confessional page,
as good as dead.
A line passes by – powerless to tempt me
to confess the sadness of truth.
I'm no madman – over a small flame
my heart boils daily in the pot of its life;
a forced laborer of my existence, I hate
my own stupidity, in which I trust.
Let me write, then, another poem with a hand of dust,
let me stretch its strings over my chest,
and from the page sing *my time has passed*,
for words will always be readable.
My words are finished – let me rest my pen.
I dreamt a dream; now to wake.

The Journey (A Diary)

המסע (יומן)

1

פרולוג

זְמַן רַב מִדַּי בְּתוֹךְ עוֹלָם קִירוֹת
בָּטוּחַ מִכָּל רַע, חַיִּים נִקְבַּרְתָּ.
חֲלוֹמוֹתֶיךָ נָדְדוּ בְּשַׁיָּרוֹת
אֶל מֶרְחָבִים שֶׁעַל עֵינְךָ אָסַרְתָּ.
אוֹתוֹ הַנּוֹף אֶת חַלּוֹנְךָ מַסְתִּיר,
וּשְׁמוֹ חֲדַר הַחוּץ – אֵין בּוֹ מוֹצָא
לְנַפְשְׁךָ הַמְבַקֶּשֶׁת לְהַתִּיר
אֶת הַחוּטִים שֶׁמַּפְעִילִים אוֹתָהּ.
הַשֵּׁם הַזֶּה שֶׁכֹּה קוֹרֵא לְךָ
אֵינוֹ מַרְפֶּה עוֹד גַּם בִּשְׁעַת רָצוֹן:
לְצַד אֲהוּבָתְךָ אֵין מְנוּחָה,
פִּכְפּוּךְ הַנַּחַל לֹא נוֹתֵן לִישׁוֹן.
אֶת סִפְרְךָ תִּסְגֹּר בַּאֲנָחָה –
עַל כָּל עַמּוּד כָּתוּב בּוֹ "לֵךְ לְךָ".

Prologue

For too long inside a world of walls,
safe from evil, you were buried alive.
Your dreams wandered in caravans
across wilds you denied your eye.
The same view hides your window
to the room of the Outside – from which
there's no escape for your soul that strives
to snap the strings that conduct it.
The over-there that calls you no longer relents,
not even in that merciful hour:
at your lover's side, there's no peace,
even the gurgling brook denies you sleep.
With a sigh you close your book
on whose every page is written "Go forth."

הבית

קַל לִשְׁכֹּחַ בַּדֶּלֶת מַה טּוֹב וְנָעִים
לִשְׁכֹּן בְּבִטְחָה בֵּין אַרְבַּעַת כְּתָלַי:
כָּאן בּוֹעֶרֶת הָאָח, הַסְּדִינִים נְקִיִּים
בַּמִּטְבָּח עַל כִּירַיִם נְזִיד עֲדָשִׁים;
אִם לַדֶּרֶךְ תֵּצֵא, הֲתָשׁוּב עוֹד אֵלַי?

כִּי תִּמְצָא אֲרוּחָה, מְנוּחָה, רְוָחָה;
אֵין כְּפָר וְאֵין עִיר, אֵין תַּרְבּוּת בִּלְעָדַי.
כִּי יְסוֹד כָּל הַיַּחַד, כִּי תִּכּוֹן מִשְׁפָּחָה,
כִּי גָּרִים אִשְׁתְּךָ וּבָנֶיךָ אִתְּךָ;
אִם לַדֶּרֶךְ תֵּצֵא, הֲתָשׁוּב עוֹד אֵלַי?

אֲנִי יְסוֹדְךָ, מִפְלָטְךָ מִמַּחְסוֹר
מָגִנְּךָ מִכָּל צָר, מִקְלָטְךָ מִכָּל דְּוַי.
בַּדְּרָכִים, בְּלֵיל חֹרֶף, בְּלִי גַּג לְמִסְתּוֹר
עַל צֵאתְךָ תִּנָּחֵם כְּשֶׁאוֹתִי אָז תִּזְכֹּר;
אִם לַדֶּרֶךְ תֵּצֵא, הֲתָשׁוּב עוֹד אֵלַי?

The Home

So easy to forget at my door how good and pleasant it is
to dwell within the safety of my four walls:
here where the hearth burns, the sheets are clean,
and there's lentil stew on the stove;
if you set out upon the road, will you return to me?

In me you find food, rest, and comfort;
without me there's no village, no city.
In me the foundation of every togetherness,
in me family is established,
in me your wife and children live;
if you set out upon the road, will you return to me?

I'm your foundation, your refuge from poverty,
your shield against enemies, your retreat from sickness.
On the road on a stormy night, without a roof for shelter,
whenever you recollect me you'll feel regret;
if you set out on the road, will you return to me?

ראשון

עִם שַׁחַר מַאְדִּים בָּאֹפֶק יוֹם,
וְהָעוֹלָם עוֹלֶה מִבֵּין צְלָלִים:
כָּל עֵץ וָסֶלַע מֻבְחָנִים פִּתְאוֹם,
וְגַם אַתָּה נִפְרָם מִן הֶעָלִים.
יָחִיד תֵּצֵא לַדֶּרֶךְ, אֵין שֵׁנִי.
פְּתַח דֶּלֶת, לֵךְ – אֵין מַה לְּהִתְכּוֹנֵן;
כִּי רַק מִדְרַךְ רַגְלֶיךָ יְסַמֵּן
נָתִיב שֶׁבֵּין הִנֵּה לְבֵין אֲנִי.
זֶה קַל – הַכֹּל חָדָשׁ, טָעוּן, קוֹסֵם
וּמִי אוֹ מַה יִמְנַע אוֹתְךָ מִצֵּאת?
כָּל מַה שֶּׁאֶת שְׁבִילְךָ עַכְשָׁיו חוֹסֵם
רַק מְדַרְבֵּן אוֹתְךָ בְּיֶתֶר שְׂאֵת:
לִהְיוֹת הַכֹּל! לִשְׁקֹק בְּכָל תְּשׁוּקָה –
כָּל אַהֲבָה, חֵרוּת וְהַרְפַּתְקָה!

Monday

Dawn, a day is reddening on the horizon
and the world is rising from among the shadows:
each tree and rock is suddenly distinct
and you, too, are released from the leaves.
Alone you'll set out on the road; there is no other.
Open the door, go – there's nothing to prepare for.
Only the tread of your feet will mark a path between *here* and *I am*.
It's easy – everything is new, charged, alluring,
so what's to prevent you from setting off?
Even that which blocks your path urges you on:
Be everything! Burn with every desire,
every love, liberty, and adventure!

שיר שחר של נודד

מֵעַל הַגַּגּוֹת
נְהָרָה.
רַחַשׁ רוּחַ גָּבֹהַּ
עוֹבֵר בַּיָּרֹק.
עַל חוּטֵי הַחַשְׁמַל
צִיּוּצֵי צַמָּרוֹת.
עוֹד רֶגַע תּוּכַל
גַּם אַתָּה
לִזְרֹחַ.

Wanderer's Dawn-song

(after Goethe)

Over rooftops
brilliant light.
The high wind's whisper
shoots through the green.
Chirping treetops
over power lines.
Soon you, too,
will be able
to rise.

שני

עֵצִים עֵצִים הַיַּעַר מִשְׂתָּרֵעַ
וּבֵין שְׁבִילָיו צָרִיךְ לִבְחֹר וָשׁוּב:
לְאָן? יָמִינָה? שְׂמֹאלָה? מִי יוֹדֵעַ?
לֵךְ עִם לִבְּךָ, זֶה כָּל מַה שֶּׁחָשׁוּב.
אָמְרוּ, 'רְחַק מִדֶּרֶךְ הַגְּדוּדִים',
'שְׁבִיל שֶׁפָּחוֹת הָלְכוּ בּוֹ בְּחַר!'
אַךְ גַּם שְׁבִיל זֶה נִכְבַּשׁ בִּצְעָדִים
שֶׁאֲחֵרִים פֹּה צָעֲדוּ מִכְּבָר.
הַבֵּט סָבִיב, וְאֶת הַשְּׁבִיל עֲזֹב;
הָעֵץ הַהוּא, הָאַיָּלָה, הַנֵּץ –
אֶל תַּכְלִיתְךָ יַנְחוּ אוֹתְךָ לְבַסּוֹף
וּשְׁבִיל חָדָשׁ תַּחְתֶּיךָ תְּפַלֵּס:
בְּיַעַר הָאָדָם לֹא שְׁבִיל נָחוּץ –
רַק לְהָבִין אֵיךְ פְּנִים הוֹפֵךְ לְחוּץ.

Tuesday

Trees and more trees, the forest stretches away
leaving you to choose between paths time and again:
Where to? Right or left? Who knows?
Walk with your heart; that's all that matters.
It's been said, *Skip the road of troops,*
take the one less travelled!
But that one, too, was hewn by steps
of others who long ago passed through.
Look around, leave the path;
that tree, that doe, that hawk
will guide you to your goal,
and you'll carve a new path with your footfall:
in the forest of man, no path is needed,
only to know how the inside becomes the out.

שלישי

לְבַד יָצָאתָ וּלְבַד תֵּלֵךְ –
רֵעֶיךָ נוֹפְפוּ שָׁלוֹם וְשָׁבוּ;
בְּבַיִת אִישׁ עַל קִירוֹתָיו מוֹלֵךְ,
יָחִיד אוֹ יַחַד, שׁוּב אוֹתוֹ רָעָב הוּא.
לְמָה אַתָּה נִכְסָף? מַה תְּבַקֵּשׁ?
אֵינְךָ יוֹדֵעַ. אֵיךְ תֵּדַע אֶת מַה
שֶּׁחֲלוֹמְךָ אָחַז בּוֹ כְּמוֹ בְּאֵשׁ,
וְכָל כֻּלּוֹ מִכְוַת הַנְּשָׁמָה?
לְבַד אַתָּה חָפְשִׁי, אַךְ מַה בְּכָךְ?
הַחֹפֶשׁ הוּא כְּלִי רֵיק – מַה יְּמַלְאוֹ?
צָמָא שֶׁבִּלְבָבְךָ לֹא עוֹד יִשְׁכַּךְ,
מַה שֶּׁהֻתַּר כְּבָר אִי אֶפְשָׁר לִכְלֹא.
בְּלִי שֵׁם, רְכוּשׁ, הִיסְטוֹרְיָה – מִי אַתָּה?
הַדֶּרֶךְ מִתְפַּתֶּלֶת, אֵין בִּלְתָּהּ.

Wednesday

Alone you leave, and alone you go,
your friends having waved goodbye, gone home;
every man is a king in his home, though
alone or with others, it's always the same hunger.
What do you yearn for? What are you seeking?
You don't know. How could you know
what your dream seized like a flame
and is nothing but the scorching of the soul?
Alone you're free, but even so?
Freedom is an empty vessel – what fills it?
The thirst in your heart can't be quenched,
what was loosed can't be contained.
Without name, property, or history – who are you?
The road is winding on, and there's nothing more.

הָעִיר

לָנֶצַח תְּהַלֵּל הָעִיר הַזֹּאת –
נַפְשׁוֹת אָדָם אָצוֹת בְּחוּצוֹתֶיהָ;
בָּאוֹטוֹבּוּס, בָּרְחוֹב, בַּחֲנֻיּוֹת
לִבֵּנוּ בָּהּ אֶת רַעֲבוֹ יוֹדֵעַ.
עַל אֲחָדִים תָּנִיף הִיא שׁוֹט אָדוֹן,
לַאֲחֵרִים תִּפְשֹׂק יַרְכֵי חוּפֶּיהָ;
בַּמִּסְעָדָה, בַּפָּאבּ, בַּמּוֹעֲדוֹן
תִּרְכֹּן מוּלְךָ, תַּתְרִיס חָזֶה שׁוֹפֵעַ.
מוֹרָה גְדוֹלָה לְדֶרֶךְ כָּל בָּשָׂר,
תִּרְמֹז לְךָ בְּנֶפֶשׁ תְּאֵבָה;
רוֹדָה בָּנוּ, בְּקוֹל צָרוּד תֹּאמַר,
שְׁלַח יַד וְקַח מִפְּרִי הָאַהֲבָה!
שֶׁלְּךָ הִיא – וְשֶׁלּוֹ, שֶׁלִּי, שֶׁלָּנוּ:
בָּרֶגַע נַחֲלֹק, וְלֹא נִזְכֹּר לְאָן הוּא.

The City

Forever let this city be praised –
human souls rush her streets;
on the bus, the road, in shops
our hearts know their hunger in her.
On some she wields a master's whip,
for others she spreads wide her beaches' thighs;
in restaurants, in bars, in clubs
she leans over and dares you with full breasts.
A great teacher in the ways of the flesh
she beckons you, her soul craving;
ruling over us, she says in a husky voice,
Reach out and grasp the fruit of love!
She's yours and his and mine – she's ours:
we share the moment, forgetting where it leads.

על גדת הלילה

עַל גְּדַת הַלַּיְלָה גּוּפֵינוּ מֻטָּלִים,
נַחַל אָפֵל לִמְרַאֲשׁוֹתֵינוּ שׁוֹאֵג.
חוֹרִים שְׁחוֹרִים סְבִיבֵנוּ
נִפְעָרִים כְּמוֹ אֲנָחוֹת.
הַלֵּב תָּקוּעַ בְּחָזֵנוּ כְּמוֹ שׁוֹשַׁנָּה,
עוֹדֵנוּ נוֹשְׁמִים.

On the Bank of Night

On the bank of night
a dark stream roars past our heads.
Black holes around us
gape like sighs.
Our hearts stuck in our chests like roses,
we continue to breathe.

בַּמַּעְגָּל

כְּמִין חוֹנִי בְּתוֹךְ עֵינֵי זוּלַת
מַעְגָּלְךָ סָגוּר, מַמְתִּין לְמַיִם.
כָּל אִישׁ מִתּוֹךְ מַרְאוֹת נַפְשׁוֹ נִבָּט,
רוֹאֶה אוֹתְךָ-אוֹתוֹ, מַרְאֵה כִּלְאַיִם.
אַךְ בְּעֵינָיו מָצָאתָ, כָּךְ נִדְמֶה,
גְּשָׁמִים שֶׁל אַהֲבָה, מַרְוֵי צָמָא,
וּמִמַּרְאִית עֵינָיו אַתָּה שׁוֹתֶה –
לֹא עוֹד מִנַּפְשְׁךָ שֶׁלְּךָ תִּגְמַע.
אֶחָד אַתָּה וְאֵין לְךָ שֵׁנִי
אֲבָל לְהַמְשִׁילְךָ הַרְבֵּה אֶפְשָׁר,
וְגַם בִּבְרָאֵי הַשִּׁיר, כְּמוֹ פְּטְעוֹנִי,
יוּסְפוּ לְךָ אֵבְרֵי דִּמְיוֹן מוּזָר.
בְּיַעַר הַמַּרְאוֹת אַל נָא תִּתְעֶה:
בְּכָל מַרְאָה אֵינְךָ אֶלָּא מַרְאֶה.

* פטעוני: ה-Jabberwocky – יצור לשוני-ספרותי שיצר לואיס קרול בתוך "עליסה בארץ המראה" (ע"פ תרגום אהרן אמיר)

Inside the Circle

You look from the mirror of your soul
into the eyes of an other, the circle closed
as you wait for rain like Honni,
seeing you-him, a hybrid view.
But in his eyes you've found, or so it seems,
rains of love, thirst-quenching,
and from the sight of his eyes you drink
and never more from your own soul.
You are singular and have no second
but can be turned easily into metaphor:
limbs of a strange imagination added to you, too,
in the poem's mirror, like a Jabberwock.
In the forest of mirrors please don't get lost:
in every mirror you're only that which is seen.

❋ Honni was allegedly a first-century Jewish sage. According to legend, at a time of a drought he drew a circle with a stick and stood within it, telling God he wouldn't leave it until it rained, which God eventually consented to.

הצומת

בְּלִבִּי – אַרְבַּע רוּחוֹת אוֹ יוֹתֵר,
מִתְחַבְּרוֹת בְּמִפְגַּשׁ הַדְּרָכִים.
כְּשֶׁתַּגִּיעוּ אוּלַי תִּמְצְאוּ פֹּה חָבֵר
לְרֶגַע אוֹ שְׁנַיִם – כְּשֶׁנֶּצַח עוֹבֵר
בֵּין דַּרְכֵי הַמָּוֶת, אַחִים.

אֵלַי מַגִּיעִים כָּל בָּאֵי עוֹלָמָם
אֲבָל מִי לְדַרְכּוֹ שׁוּב יַשְׁכִּים?
מִי תִּפְגֹּשׁ, מִי תִהְיֶה, כְּשֶׁהָלְאָה מִכָּאן
תַּמְשִׁיךְ וְתֵלֵךְ, אִם תֵּדַע עוֹד לְאָן?
פֹּה קְבוּרִים הַהוֹלְכִים שֶׁנּוֹתְרוּ בְּלִי דְּרָכִים,
פֹּה נוֹשֶׁבֶת הָרוּחַ דוּמָם.

Crossroads

In my heart four winds converge
at the junction of these roads.
When you arrive perhaps you'll find a friend here
for a moment or two while an eternity passes
along death's many routes, brothers.

All comers-to-the-world arrive to me,
but who will rise early again to his route?
Whom will you meet, who will you be, when far from here
you're still walking, and will you even know where to?
Here the walkers without routes are buried,
here the wind blows voiceless.

רביעי

בְּצֹמֶת הַהוֹלְכִים עֲצֹר לָשֶׁבֶת,
לַחֲלֹק מַבָּט, מַגָּע, סִפּוּר בְּצַוְתָּא.
אַךְ זְכֹר שֶׁלֹּא סְבִיב מְדוּרַת הַשֵּׁבֶט
תִּמְצָא אֶת מַה שֶּׁלְּחַפֵּשׂ יָצָאתָ.
לַשַּׁיָּרָה אַל תִּצְטָרֵף לַשָּׁוְא
לָשֵׂאת בְּעֹל הַנֹּהַג וְהַשּׁוֹט:
גַּם אִם מֵאָה שָׁנָה נִחְיֶה יַחְדָּו
אִישׁ בִּנְתִיבוֹ נִפְסַע, אִישׁ אֶל נַפְשׁוֹ.
לְבַד הִגַּעְנוּ לָעוֹלָם וּלְבַד
אָנוּ פּוֹסְעִים בְּדֶרֶךְ כָּל בָּשָׂר;
וְנַעֲזֹב אוֹתוֹ, אֶחָד אֶחָד –
מַה שֶּׁחָסַרְנוּ הוּא מַה שֶּׁנֶּחְסַר.

Thursday

In the walkers' crossroad, stop to sit, linger
in eye contact, a touch, a story in company.
But remember you won't find what you seek
around the tribe's fire.
Don't join the caravan in vain
to suffer the yoke of custom and whip:
even if we live a hundred years together
we'll each walk our own path, each to his soul.
Alone we came to the world and alone
we tread the road of all flesh;
and we'll leave it, each on his own –
what we've missed is what we'll miss.

חברוּת

אָמַר הַקַּבְּצָן: ״מֵעוֹלָם לֹא נִכְלַמְתִּי״
וְנָזְלוּ רָקַּי לְחָיָיו.
אָמַר הַקַּבְּרָן: ״מֵעוֹלָם לֹא נֶחְלַמְתִּי״
וְהֵרַמְתִּי כּוֹסִי לְחַיָּיו.

Friendship

The beggar said *I've never been ashamed*
and his cheek dripped with my spit.
The undertaker said *I've never been dreamed of*
and I raised my glass to his health.

לנפשך

אַתָּה שָׁר מְאֻשָּׁר, לְבַדְּךָ עַל הַשְּׁבִיל,
אֲבָל גַּם לְבַדְּךָ אַתָּה שָׁר קוֹל שֵׁנִי;
כִּי מִמְּךָ אֵיךְ תּוּכַל עַצְמְךָ לְהַבְדִּיל?
עַל דַּלְתוֹת עוֹלָמְךָ מִתְאַסֵּף כְּבָר נְחִיל –
צוֹבֵא בִּשְׁעָרֶיךָ כָּל עַם הָאֲנִי.

To Your Soul

Blissful you sing alone on the path,
but even alone you sing with a second voice;
how to distinguish yourself from yourself?
At the door to your world the hive gathers –
the entire nation of the I assembled at your gate.

חמישי

אַתָּה פּוֹסֵעַ, כִּמְדֻמֶּה לְבַד,
אַךְ אִם תָּסֵב אֲחוֹרָה אֶת רֹאשְׁךָ
קְהַל מְלַוִּים עִקֵּשׁ עוֹדוֹ נִבָּט
אֵלֶיךָ מִשּׁוּלֵי הַחֲשֵׁכָה.
שָׁם אִמָּא עוֹד תִּגְעַר וּתְלַטֵּף
וְאַבָּא שׁוּב מַזְהִיר, פְּסוּקוֹ פּוֹסֵק
מוֹרֶה מַתְרֶה, בְּאֶצְבַּע מְנוֹפֵף
וְהַמְנַהֵל עַל שֻׁלְחָנוֹ דּוֹפֵק.
נוּרִית שֶׁאָז אָכְלָה אֶת הַתַּפּוּחַ,
אִשָּׁה שֶׁצֵּל דְּמוּתָהּ אֵינוֹ מַרְפֶּה –
מֵאָה קוֹלוֹת שָׁם מִתְאַוְשִׁים בָּרוּחַ
פּוֹקְדִים עָלֶיךָ בְּקוֹלְךָ – וְאֵין מַרְפֵּא.
זַהֵה אוֹתָם בִּשְׁמָם אֶחָד אֶחָד,
וְהִפָּרֵד, הַמְשֵׁךְ אֶחָד, לְבַד.

Friday

You're walking, seemingly alone,
though over your shoulder
a stubborn crowd follows,
watching you from the edges of the dark.
There Mom still scolds and caresses,
Dad is warning with a moral,
a teacher wags his forefinger,
the principal bangs a fist on his desk.
Nourit, who ate your apple, the image
of a woman whose shadow won't release you –
a hundred voices whispering in the wind,
commanding you in your own voice, inescapable.
Identify them by name, one by one,
and say goodbye, carry on, singular, independent.

❊ The story of Nourit, often recounted in a well-known nursery rhyme for children, tells of a little boy seeking Nourit's affection. On a playground he gives her a flower and an apple. She accepts them, promptly throws away the flower, eats the apple, and goes to play with someone else.

רדוף

עַל בְּשָׂרְךָ לָמַדְתָּ מֵהֶם אֵיךְ לִשְׁלֹט
בְּעַצְמְךָ, אֲהוּבֶיךָ, אוֹיְבֶיךָ – כֻּלָּם.
עַל מִשְׁמַר עוֹלָמְךָ רַק נִסִּיתָ לִשְׂרֹד:
כְּבָר שָׁנִים הֵם שׁוֹכְנִים בְּלִבְּךָ כְּרוּחוֹת
שֶׁל כְּאֵב וְשֶׁל פַּחַד – כֹּחֲךָ בְּכֹחָם.
וְעַכְשָׁו זֶה אַתָּה שֶׁגּוֹעֵר וּמְלַטֵּף,
מְפַתֶּה, מְכַזֵּב, וּמֵטִיחַ אַשְׁמָה?
שֶׁדּוֹפֵק עַל שֻׁלְחָן, בָּאֶצְבַּע מְנוֹפֵף,
מַתְרֶה וּפוֹסֵק אֶת פְּסוּקְךָ הַזּוֹעֵף?
לֹא אַתָּה. לִפְקֻדַּת הַקּוֹלוֹת אַל תִּשְׁמַע.

Chased

In your flesh you've learned from them how to control
yourself, loved ones, enemies – everyone.
Guarding your world, you strived only to survive:
for years they resided in your heart as ghosts
of pain and fear – your power theirs.
And now it's you who rebukes and caresses,
who tempts, lies, and accuses?
Who bangs fists on tables, wags a forefinger in reproof,
admonishes, and barks angry judgments?
Not you. Don't listen to the voices' command.

איפה אתה

אֵיפֹה אַתָּה, כְּלוֹמַר אַיֶּכָּה?
אֵיפֹה עֵינֶיךָ שֶׁרָאוּ
יוֹם יוֹם עוֹלָם חָדָשׁ?
אֵיפֹה הַשְּׁבִיל שֶׁבּוֹ הָלַכְתָּ,
נִלְחָם בְּלִי חַת, מַקֵּל בַּיָּד,
בְּבַרְקָנִים סְגֻלֵּי תִּפְרַחַת?
אֵיפֹה חִבּוּק אִמְּךָ מֵאָז,
חֵיקָהּ הַחַם, הָרֵיחָנִי,
שֶׁל הַתֵּבֵל?
מִי בְּעַצְמִי הַזֶּה
אוֹתְךָ הֶחֱלִיף? מָתַי
לָקְחוּ אוֹתְךָ מִכָּאן לִגְלוֹת
בְּתוֹךְ לִבִּי הַמִּסְתַּתֵּר?
עַד אָנָה, יֶלֶד? בּוֹא,
חֲזֹר אֵלַי, חָבֵר.

Where Are You?

Where are you? Where art thou?
Where are the eyes that saw
every day a new world?
Where is the path you walked
fighting fearlessly, stick in hand,
against briars flowering in purple clusters?
Where is your mother's hug from those days,
the warm, fragrant bosom
of the world?
Whom did I swap you with
for this? When
did they take you from there to exile
inside my hiding heart?
Until when, child? Come,
come back to me, friend.

שִׁישִׁי

עוֹדְךָ צוֹעֵד אֲבָל גֵּוְךָ שָׁחוּחַ;
כָּבֵד מַשָּׂא פְּחָדֶיךָ, לֹא נִמְחָה.
גֹּדֶל שָׁנִים, שׁוֹאֵב מִמְּךָ כָּל כֹּחַ,
כְּשֵׁד-תְּאוֹם סִיאָמִי עַל גַּבְּךָ.
עוֹדְךָ צוֹעֵד, אֲבָל צְבוּעֵי הַנֶּפֶשׁ
מִתְלַהֲקִים כְּבָר אֶל נִבְלוֹת הַלֵּב:
כָּל עָוֶל, שֶׁקֶר, אַלִּימוּת, שֶׁחֶרֶשׁ
אוֹתְךָ הֵסִיתוּ בְּדִבּוּר כּוֹזֵב.
כְּסָלָמַנְדְּרוֹת אֵשׁ בַּעֲקֵבֶיךָ
בְּגִידוֹת לִבְּךָ נוֹשְׁכוֹת בָּעֲלָטָה;
שִׁנַּיִם רְעֵבוֹת סוֹגְרוֹת עָלֶיךָ –
טָרוֹף טֹרַף הַיֶּלֶד שֶׁאַתָּה.
רוֹבְצִים לַפֶּתַח יְנַהֲמוּ: פָּנֶיךָ אָנוּ,
הַבֵּט בְּךָ בָּרְאִי, וּרְפָא אוֹתָנוּ.

Saturday

You're still walking, but your back sags;
heavy is the burden of your fears, unerased.
For years it's been growing, sucking all your energy,
like a conjoined demon-twin on your back.
You're still walking, but the hyenas of the soul
already flock to the corpses of the heart:
each injustice, lie, and violence that silently
incited you with false words.
Like salamanders of fire at your heels,
your heart's betrayals bite in the dark;
hungry teeth close on you –
the child you had been was devoured.
Crouched at your door, they're growling:
we're your faces, look in the mirror and heal us.

שיר היצורים

הַבֹּקֶר בָּא לַעֲבוֹדַת חַיֵּינוּ,
עִם צָהֳרַיִם שָׁח הַגֵּו מְאֹד.
עַד עֶרֶב פֹּה נוֹצִיא אֶת נִשְׁמָתֵנוּ;
מֵאַיִן בָּאנוּ וּלְאָן נֵלֵךְ?

יוֹשֵׁב אֲנִי בַּמַּעְגָּל, מַבִּיט סָבִיב,
מוֹשִׁיט יָדַי לַחֲבֵרִים, וְהֵם אֵלַי.
אַךְ כָּל כַּמָּה שֶׁלֹּא נוֹשִׁיט, עֲדַיִן
זֶה אֶל זֶה אֵינֶנּוּ מַגִּיעִים.

לְבַד הִגַּעְנוּ הֵנָּה וּלְבַד
אֶחָד אֶחָד נִדְעַךְ בְּחֹשֶׁךְ זָר;
וְשָׁם נֵשֵׁב בַּמַּעְגָּל וְשׁוּב
נוֹשִׁיט יָדֵינוּ זֶה אֶל זֶה לַשָּׁוְא.

נַשְׁכִּים יוֹם יוֹם לַעֲבוֹדַת מוֹתֵנוּ,
עִם צָהֳרַיִם שָׁח הַגֵּו מְאֹד.
לְאִט נוֹצִיא עַד עֶרֶב נִשְׁמָתֵנוּ
לְהִוָּלֵד אֶל אֶרֶץ הַחַיִּים.

בְּסֵפֶר הַחַיִּים קְרָא עַל מוֹתָם,
בְּסֵפֶר הַמֵּתִים – עַל חַיֵּיהֶם;
סוֹבֵב הַמַּעְגָּל וּבוֹ אֲנַחְנוּ,
יָדַיִם מוּשָׁטוֹת, פָּנִים רֵיקִים.

Creature Song

Morning came for our labor of life,
by noon our backs are bent badly.
By evening we draw our last breaths;
where have we come from and where to?

In the circle of people, I sit and look around,
extend a hand toward friends, and them to me.
But regardless of how much we try,
we can't reach one another.

Alone we've arrived here, and alone
we'll die out in alien darkness one by one,
and there we'll sit again in a circle, extending
our hands to one another in vain.

Every day we rise early for the labor of our deaths,
by noon our backs are bent badly.
Weary, we let go of our souls
to be born into the land of the living.

In the book of the living, read of their deaths,
in the book of the dead – about their lives;
the circle turns and we in it –
extended hands, empty faces.

שבת

בַּחֲשֵׁכָה שׁוֹצֵף הַסַּמְבַּטְיוֹן
מִתַּחַת עַפְעַפֵּינוּ הוּא עוֹבֵר
וְשָׁם לִפְנֵי שׁוֹפֵט-אֲנִי עֶלְיוֹן
נִדּוֹן כָּל אִישׁ, אֶת גְּזַר לִבּוֹ גּוֹזֵר.
מֵתִים שָׁם מֵילִילִים, פּוֹסְעִים בְּרַעַד
עַל גֶּשֶׁר צַר מֵעַל גַּלִּים שֶׁל דָּם,
וַאֲלֵיהֶם שׁוֹלְחִים זְרוֹעוֹת מִתַּחַת
שְׁדֵי חֲלוֹם שְׁחוֹרִים, טוֹרְפֵי אָדָם.
בְּרִיּוֹת חַסְרוֹת פָּנִים הוֹמוֹת בִּבְכִי –
"יוּשַׁב לָנוּ הַשֵּׁם אֲשֶׁר נָשָׂאנוּ!
הָיִינוּ בְּנֵי אָדָם, עִזְרוּ אַחִים,
לִבֵּנוּ מֵת, וְאָנוּ אָנָה בָּאנוּ?"
אֲבָל אִם עֵר לִבְּךָ, הַבֵּט וּשְׁקֹט:
שׁוּם סַמְבַּטְיוֹן אֵינוֹ זוֹרֵם שָׁם עוֹד.

Sunday

The Sambatyon flows fiercely in the dark,
passes beneath our eyelids and there,
before the supreme judge of the I each man is tried,
the ruling his heart's sentence.
There the dead wail and shudder trembling
on a narrow bridge above waves of blood
while man-eating black demons of dream
reach for them from below.
Faceless creatures howl weeping –
Let the name we bore be given back to us!
We've been human, help us, brothers,
our hearts have died, where shall we turn?
But if your heart is awake, be still and look:
no Sambatyon flows there anymore.

⁕ In the Jewish tradition, Sambatyon is a mythical river that rages with rapids and throws up stones six days a week, making it impossible to cross. But it stops flowing every Sabbath.

כנפים

פְּרֹשׂ כְּנָפַיִם, אָהוּב, וּסְבִיבְךָ
הַבֵּט בָּעוֹלָם הָאָהוּב –
אַל תִּפֹּל רוּחֲךָ.
גַּם מִבַּעַד חַשְׁרַת חֲשֵׁכָה
זְכֹר: אֶל הָאוֹר הֵן תָּעוּף.

Wings

Spread your wings, dear one, and look
around you at this beloved world –
don't let your spirit fail.
Even in the depths of darkness
remember: you're flying to the light.

2

אן

יָדִי רוֹשֶׁמֶת עֲתִידִים עַל פְּנֵי לוּחוֹת הַנֶּצַח;
אֲנִי וְעוֹד אֲנִי עוֹלִים בְּאוֹב הַמְּצִיאוּת.
'עֲלֵה', אֲנִי קוֹרֵא בִּשְׁמִי, 'וְהִוָּלֵד, הַהֵלֶךְ!'
וּכְבָר הַגַּן מָלֵא שְׁבִילִים, הַלַּבִּירִינְתְּ – קְצוֹת חוּט:

Where To

My hand sketches futures upon eternity's tablets;
I and yet another I rise by reality's sorcery.
Rise, I call my name, *and be born, wanderer!*
The garden is filled with paths; a labyrinth – with clues:

פרולוג חוזר

חָלַף שָׁבוּעַ, וְחֹדֶשׁ מַתְחִיל –
מֵהַתְחָלָה כּוֹבְשׁוֹת רַגְלֶיךָ שְׁבִיל.
אַתָּה הוֹלֵךְ בּוֹ הָלְאָה לְגַלּוֹת:
בַּחֲזָרָה אֵלָיו הוּא שׁוּב מוֹבִיל.

Recurring Prologue

One week passes and another starts –
from the beginning your feet tread a path.
You walk further only to find out:
it leads back again to itself.

שם

הוֹלֵךְ אֲנִי וְלֹא אֵדַע לְאָן –
אֶת מַטְרָתִי בְּתוֹךְ רַגְלַי אַחְבִּיא.
אַבִּיט לְשָׁם אַךְ לֹא פָּחוֹת לְכָאן;
רַק אַהֲבַת הַדֶּרֶךְ בְּלִבִּי.
מָסַךְ תֵּבֵל עוֹלֶה, וְלִי הַמַּחֲזֶה –
גִּבְעָה וְגַיְא – פָּנִים לֹא נוֹדָעוֹת;
עַד אֶל כּוֹכְבֵי הַדַּעַת אֶנָּשֵׂא,
עִם יְצוּרֵי חֲלוֹם אֶלְמַד לִרְאוֹת.
אַשְׁרַי, עָשִׁיר אֲנִי! – עָשִׁיר אָשְׁרִי,
וַעֲשִׁירִים כְּמוֹתוֹ גַּם כְּאֵבַי:
כְּשֶׁהָעוֹלָם הוּא שְׁבִיל אֲנִי בָּרִיא,
כְּשֶׁבְּעֵינַי חוֹמָה לִבִּי דַּוָּי.
בְּאֶרֶץ הָעַכְשָׁו אֲנִי כְּבָר מֶלֶךְ;
מִחוּץ חֶפְצִי אֵינֶנּוּ סוֹף הַדֶּרֶךְ.

There

I'm walking but don't know where to –
my goal hidden in my feet.
I'm looking there but no less than here;
only a love of the road in my heart.
The curtain of the world rises, and the play is mine –
a hill and a valley – unknown faces;
Let me be carried to the stars of knowledge
and learn to see with dream creatures.
I am blessed, I am rich! – my bliss is rich
and likewise rich is my pain:
when the world is a path I'm healthy,
when there's a wall in my eyes, my heart aches.
In the land of now I'm already a king;
my destination is not the road's end.

כאן

אֲדוֹן עוֹלָם קָטָן שֶׁל בֵּין עַרְבַּיִם,
בֵּין הַר וּבֵין חָלוֹם אֲנִי יוֹשֵׁב;
כָּאן מֶרְחֲבֵי גּוֹאִים עַד שְׂפַת הָעַיִן,
הָרוּחַ בְּנוֹפֵי רוּחִי נוֹשֵׁב.
כָּל מַה שֶּׁפֹּה אֶפְגֹּשׁ - בָּרוּךְ הַבָּא,
מִכָּל מָקוֹם דַּרְכִּי הוֹלֶכֶת הֵנָּה;
לֹא אֲמַהֵר לָלֶכֶת, אַדְּרַבָּא,
עֵינַי רוֹצוֹת רַק מַה שֶּׁכָּאן תִּרְאֶינָה.

Here

A lord of a tiny twilit world
I sit between a mountain and a dream;
here my expanses surge
like a tide to the eye's rim,
the wind fills the landscapes of my spirit.
Everything I meet here is welcome,
from everywhere the road leads here;
I won't rush my walk; to the contrary,
my eyes want only what they're watching here.

לשיר

אֵינִי יָכוֹל לִשְׁתֹּק,
לָשִׁיר אֲנִי רוֹצֶה.
אֵינִי יָכוֹל לִשְׁתֹּק,
וְאֵין לִי מְנוּחָה.
עַל מֵיתָרַי סְחַרְחַר
הַשִּׁיר שֶׁאֵין לוֹ דַּי;
לִרְקֹד אֲנִי רוֹצֶה,
אֲחָזָה בִּי הַשִּׂמְחָה –
אַל תִּקְשְׁרוּ אוֹתִי,
בִּרְקוּדִים נֵצֵא!
אֵינִי יָכוֹל לִשְׁתֹּק,
אַל תְּבַקְּשׁוּ "רַחֵם!" –
וְגַם אִם סְעָרָה
תִּפְרֹץ מִמֵּיתָרַי,
זֶה בִּגְלַלְכֶם, רֵעַי –
בִּגְלַל אַהֲבָתִי,
בִּגְלַל אַהֲבַתְכֶם.

To Sing

I can't be silent;
I want to sing.
I can't stay silent,
no rest for me.
Dizzy on my strings
the song won't stop;
I want to dance,
joy rips me up –
don't tie me down;
come out and dance!
I can't be silent;
don't beg it stop
even if a storm
from my strings erupts;
it's because of you, friends,
because of my love,
and because of yours.

התחלה

לִבִּי חָדָשׁ הַיּוֹם
וְאֵין בּוֹ זִכָּרוֹן אַךְ הוּא יוֹדֵעַ.
כְּמוֹ בַּחֶדֶר מַרְאוֹת אֲנִי רוֹאֶה
כָּל יוֹם עָבָר.
כְּמוֹ נוֹף שֶׁעַל פָּנָיו חוֹלֵף נוֹסֵעַ –
עוֹדֶנּוּ שָׁם גַּם אִם לֹא יֵרָאֶה –
דָּבָר לֹא נֶעְלָם, לָעַד נִשְׁאָר כָּל רֶגַע;
שׁוּם סוֹף אֵינֶנּוּ סוֹף,
הַכֹּל רֵאשִׁית.

Beginning

My heart is new today,
stripped of memory, but knowing.
As if in a mirrored room I see every past day.
Like the landscape a traveler traverses –
still there but no longer seen –
nothing disappears, each moment stays forever;
no end is an end;
everything is a beginning.

Prayer Poems

שירי תפילה

I

לְפָנֶיךָ, הָאֵל הַמַּמְצִיא אֶת עַצְמוֹ
שְׁטוּחָה תְּפִלָּתִי: הֱיֵה.

I

Before you, the God who invents himself,
my prayer implores you: Be!

2

הָעֵץ בְּחַלּוֹנִי אֵינוֹ פּוֹנֶה לְמֶכָּה.
אֲנִי אֵינִי פּוֹנֶה אֶלָּא אֵלָיו.
תְּפִלַּת הַגֶּשֶׁם מִתְמַלְמֶלֶת בְּעָלָיו
וְצָהֳרֵי נוֹפוֹ פְּתוּחִים לָאוֹר.
בְּרוּחַ הָעוֹלָם גֵּווֹ נִנּוֹעַ;
לַמְּדֵנִי גַּם אֲנִי כָּךְ לַעֲמֹד.

2

The tree at my window doesn't face Mecca.
I face nothing but him.
Rain's prayer murmurs through his leaves
and the noon of his foliage opens to the light.
The wind of the world moves his body;
teach me, too, how to stand like this.

3

עֲזֹר לִי, הַכֹּל הַגָּדוֹל,
פְּגָעִים שֶׁחָלְפוּ כְּבָר לִשְׁכֹּחַ;
בְּאַהֲבָתִי לָעוֹלָם
הַנַּח לִי לָשׁוּב וְלִבְטֹחַ.

3

Help me, O Great Whole,
to forget past injuries;
let me once again trust
my love for the world.

4

פִּכְפּוּךְ הַמַּיִם אֶת לִבִּי מַנְבִּיעַ,
פֹּארוֹת הַפִּיקוּס מוֹרִיקוֹת עֵינַי.
הַבֹּקֶר בָּא, וּמַה נַּפְשִׁי תַּבִּיעַ? –
אָמָּן הַיֵּשׁ, בּוֹא וְנַגֵּן עָלַי.
בְּלִי רוּחֲךָ שֶׁבְּרוּחִי נוֹגַעַת
בְּלִי עֵינְךָ שֶׁמֵּעֵינַי תִּצְפֶּה
בּוּל עֵץ אֲנִי, בְּלִי רֶגֶשׁ וּבְלִי דַּעַת,
וְקִיּוּמִי רַק מְבַקֵּשׁ מַרְפֵּא.
בּוֹא וְצַיֵּר אֶת עוֹלָמִי עַכְשָׁו
וְתֵן לִי לֶאֱהֹב אוֹתוֹ בְּלִי פַּחַד,
לִבְטֹחַ בְּלִבִּי כִּי לֹא לַשָּׁוְא
שָׁלַחְתִּי מִלּוֹתַי אֵלָיו לָגַעַת.
כְּמוֹ עֵט אָהוּב קַחֵנִי בְּיָדְךָ
וּכְתֹב בִּי שִׁיר חָדָשׁ עַל לוּחַ לְבָבְךָ.

4

The sound of trickling water makes my heart well up,
the branches of the ficus turn my eyes green,
morning comes, and what does my soul say? –
Artist of Existence, play your music on me.
Without your spirit that touches mine,
without your eye that sees through mine,
I'm a log of wood, no feeling or reason,
and my existence seeks only to heal.
Come and paint my world now,
let me love it without fear,
and let me trust my heart that not in vain
I've reached out with my words to touch it.
Take me in your hand like a beloved pen
and write a new poem on the tablet of your heart.

5

שָׁמַיִם עוֹלִים – בְּהִירִים אֲפֵלִים;
יוֹם בָּא, יוֹם הוֹלֵךְ.
לִנְשֹׁם וְלִהְיוֹת, לִנְהוֹת, לִנְשֹׁר
לַמְּדֵנִי יוֹם יוֹם, כְּמוֹ עָלֶה.

5

Sky rises – dark and clear;
a day comes, a day goes.
Breathing and being, yearning, falling –
teach me daily, like a leaf.

6

תּוֹדָה עַל שְׁמֵי הָעֶרֶב, תּוֹדָה עַל עֲנָנִים,
עַל מִזְנוֹנִים, שִׁלְטֵי חוּצוֹת, פַּחֵי אַשְׁפָּה וְסַפְסָלִים.
עַל הָעֵצִים תּוֹדָה, עַל אוֹר הַבֹּקֶר הַחוֹשֵׁשׁ,
עַל הַחַיִּים הַמְפַכִּים בָּאֵבָרִים עַכְשָׁו,
עַל הַתְּנוּעָה וְהַמְּנוּחָה,
עַל הַמִּלִּים לוֹמַר
תּוֹדָה

6

Thanks for evening sky, thanks for clouds,
food courts, billboards, trashcans, benches.
Thanks for trees, for the anxious morning light,
for the life that trickles through my limbs,
for motion and rest,
for the words to say
thanks

כשבאתי

כְּשֶׁבָּאתִי אֶל אֱלֹהִים בָּאתִי עִוֵּר.
שָׁמַעְתִּי סְבִיבִי אֶת שִׁיר עֶרְגָּתוֹ,
אֶת נַהֲמָתוֹ, אַנְחָתוֹ
אֶת גְּעִיָּתוֹ הַנִּשְׁחֶטֶת.
מִשַּׁשְׁתִּי בְּכַפּוֹתַי אֶת עָלָיו, פְּלוּמָתוֹ,
אֶת הֶבֶל פִּיו, אֶת גֵּוּוֹ
הַחַם עֲדַיִן.

כְּשֶׁבָּאתִי אֶל אֱלֹהִים בָּאתִי עֵירֹם,
נָגוּעַ בְּרֵיחוֹ, קוֹלוֹ, טְבִיעוֹתָיו.
הוּא הִתְהַלֵּךְ בַּגָּן לְרוּחַ הַיּוֹם,
הוּא גֹּרַשׁ וְהָיָה נָע וָנָד.

כְּשֶׁבָּאתִי אֶל אֱלֹהִים לָחַשְׁתִּי אֵלָיו
דַּע אֶת עַצְמְךָ, וְחִבַּקְתִּי אֶת עַצְמִי;
כְּשֶׁבָּאתִי, בָּאתִי לְבַד.

When I Came to God

When I came to God, I came blind.
I heard all around me the song of his longing,
his growl, his sigh,
his slaughtered lowing.
I touched with my palms his leaves, his down,
the breath of his mouth, his back
still warm.

When I came to God, I came naked,
tainted by his smell, voice, and handprints.
He was walking in the garden in the cool of the day,
he was expelled, a fugitive and vagabond.

When I came to God, I whispered to him
know yourself, and I hugged myself;
when I came to God, I came alone.

Two Sacred Songs

2 ניגוני קודש

נפלא יומי

לג'ון ניוטון

נִפְלָא יוֹמִי, נִפְלָא לֵילִי –
בֵּרַכְתָּ אֶת חַיַּי!
עֵת לֹא יָדַעְתִּי זֹאת, אֵלִי,
גַּם לֹא הָיִיתִי חַי.

חַיִּים לֹא לִי, כִּי מְכַרְתִּים
בִּצְרוֹר שְׁטָרוֹת חֲדָשִׁי;
עָבַדְתִּי בְּלִי לְהָבִין,
שָׁכַחְתִּי אֶת נַפְשִׁי.

סָגַדְתִּי לַהַצְלָחָה,
אַךְ מַהִי לֹא אֵדַע;
רַק כְּשֶׁשֶּׁלִּי הָפַךְ שֶׁלְּךָ,
שָׁם חֵרוּתִי נוֹלְדָה.

בְּגֵיא צַלְמָוֶת כִּי אֵלְכָה
אָשִׁיר עוֹד אֶת הַשִּׁיר
עַד כִּי אָשׁוּב אֶזְכֹּר אוֹרְךָ
וְאֶת עֵינַי יָאִיר.

אֲנִי אַתָּה, אַתָּה אֲנִי
לְכָל בְּרִיָּה אֹמַר,
וְתִתְרוֹנֵן נַפְשִׁי, אֲנִי
עָשִׁיר וּמְאֻשָּׁר.

כִּי מַה יָּפֶה הוּא הָעוֹלָם
עָלָיו, פְּרָחָיו, לְבִי;
צָץ וְנוֹבֵל לְעֵין אָדָם
אֲבָל נִצְחִי הוּא בִּי.

Amazing Day

To John Newton

Amazing day, amazing night –
O you have blessed my life!
Though I didn't know it, my God,
I wasn't even alive.

Life no longer mine, life I'd sold
for monthly paychecks;
I've worked without reflecting,
I've forgotten my soul.

I worshipped success
without knowing what it is;
only when mine became yours
was my freedom born.

Even in the valley of the shadow of death
I'll go on singing the song
until I recall your light
and it shines again from my eyes.

I'm you, you're me,
I'll say to every creature,
and my soul will fill with song,
I'm rich and happy.

How beautiful the world,
its leaves, its flowers, my heart;
blooming and withering as far as can be seen
and eternally inside me.

בְּתוֹךְ לִבִּי יֵשׁ יָם גּוֹאֶה,
לְגֵאוּתוֹ אֵין סוֹף;
וְרַק לִבְּךָ, שֶׁלִּי קוֹרֵא,
לַיָּם הַזֶּה הוּא חוֹף.

בְּעֵת יִכְלֶה בְּשָׂרִי אָשִׁיב
אוֹתוֹ אֶל הֶעָפָר,
אַךְ לֹא אֶחְדַּל גַּם אָז לָשִׁיר
מֵעֵבֶר לַנָּהָר.

אָשׁוּב וְאִוָּלֵד, אַחִים,
לָשִׁיר אִתְּכֶם אוֹתוֹ –
עַד יָד בְּיָד נָשִׁיר שְׂמֵחִים
אֶת הֱיוֹתֵנוּ פֹּה.

Inside my heart there's a rising sea,
its tide is without end;
and only your heart that calls to mine
is to this sea a shore.

When my flesh is finished,
I'll return it to the soil,
but even then I won't stop singing
on the other side of the river.

I'll be reborn, brothers,
to sing it with you –
until hand in hand we'll happily sing
our being here.

עוד אשובה

עוֹד אָשׁוּבָה אֶל נִגּוּן הַשִּׁיר,
עַל מֵיתָר הַלֵּב אֶפְרֹט מִלָּה;
עַל שְׂפָתַי אָז תֶּהֱמֶה נַפְשִׁי
וְעֵינַי יֵאוֹרוּ בִּתְפִלָּה.

לֹא אֹמַר עוֹד לָעוֹלָם 'מָחָר',
לֹא אָגִיף לִבִּי לִצְלִיל רוֹעֵד;
שׁוּב בָּרֶגַע לְבַדּוֹ אֶבְחַר –
לֹא אֶחְיֶה עוֹד כְּמוֹ הָיִיתִי מֵת.

הָעוֹלָם קוֹרֵא אֵלַי עָרֹם,
וַאֲנִי רוֹקֵד אֵלָיו וּבָא;
עוֹד אָשׁוּבָה אֶל הַשִּׁיר בְּתֹם
וְלִבִּי יָרִיעַ אַהֲבָה.

§

טוֹב הוּא,
טוֹב הוּא עוֹלָמֵנוּ,
טוֹב – כִּי הַלֵּב שׁוֹפֵעַ;
טוֹב הוּא,
טוֹב הוּא עוֹלָמֵנוּ –
עוֹד אָשׁוּבָה אֶל נִגּוּן הַשִּׁיר.

I'll Come Back Yet

I'll come back yet to the song's music,
pluck a word on the heart's strings;
on my lips my soul will yearn
and my eyes will light with prayer.

I'll no more say to the world *tomorrow*,
I'll not close my heart to a trembling sound;
I'll time and again choose but this moment –
I'll no longer live as if I were dead.

Naked the world calls out to me
and I answer it dancing;
I'll come back yet to the song
and my heart will shout love's joy.

§ (refrain)

Good,
our world is good,
good – for the heart abounds;
good,
our world is good,
I'll come back yet to the song.

II

The Pantheon

הפנתיאון

פרולוג

לְמַרְגְּלוֹת הַפַּנְתֵּיאוֹן אֵשֵׁב,
סוֹפְרָם שֶׁל הָאֵלִים לְעֵת מְצוֹא,
וְאֶת דְּבָרָם אֶמְסֹר, אִישׁ כְּחֶפְצוֹ –
הֵם מַכְתִּיבִים לִי, וַאֲנִי כּוֹתֵב.
לְמַעַן בְּנֵי אֱנוֹשׁ יַשְׂכִּילוּ דַּעַת
אֶת דְּבַר קָדְשָׁם אֶנְצֹר כָּאן לְדוֹרוֹת;
אִישׁ־אִישׁ עַל לְבָבוֹ יַחְרֹט
חָכְמַת שָׁמַיִם שֶׁתַּנְחֵנוּ הָלְאָה.
זֶה אַחַר זֶה פֹּה יִסְתַּדְּרוּ עַל דַּף
טוּרִים שֶׁטֶּרֶם עֵין קוֹרֵא שְׁזָפָתַם;
אַךְ אֵיךְ לִמְדֹּד לָהֶם מִדַּת אָדָם,
לִרְתֹּם מִלִּים לָרוּחַ הַמְּכֻנָּף?
אֶשָּׂא אֵפוֹא לַמּוּזוֹת תְּפִלּוֹתַי:
יֵרְדוּ מִן הָאוֹלִימְפּוּס מִלּוֹתַי.

Prologue

I sit at the foot of the Pantheon,
the gods' scribe at the ready,
set to deliver their speech as they wish –
they dictate, and I write.
I enshrine their holy speech for generations
so that humans can grow wise;
each will engrave his heart
with celestial wisdom to guide us onwards.
Lines that no reader's eyes have ever seen
will fall to the page, one after another;
but how to scale them to human measure,
how shall I harness words to spirit?
I pray to you, muses: Please
let my words come down from Olympus.

אַפְרוֹדִיטֶה

כָּל הָעִנְיָן הַזֶּה עָלַי נִמְאַס –
אֲהַבְהָבִים, בְּגִידוֹת, פְּגִישׁוֹת סְתָרִים.
מְאַהֲבֵי טִפֵּשׁ, הַכֹּל אוֹמְרִים,
וּבַעֲלִי צוֹלֵעַ וְנַנָּס.
כְּבָר עִדָּנִים אֲנִי, בְּעֹל הַחֵשֶׁק,
רוֹתֶמֶת נְשָׁמוֹת לַחְרֹשׁ בָּשָׂר;
וּבִשְׁבִיל מָה? לְעֹנֶג כֹּה קָצָר
שׁוֹר וַחֲמוֹר יַחְדָּו יָקִימוּ מֶשֶׁק.
"עִזְרִי, אֵלָה, עֲשִׂי שֶׁהִיא תֹּאהַב!"
"הוּא לֹא אוֹהֵב אוֹתִי – הוֹשִׁיעִי אֵם!"
מַה נִּלְעָגוֹת הֵן כָּל תְּפִלּוֹתֵיהֶם –
טֶסְטוֹסְטֵרוֹן עִם אַסְטְרוֹגֵן יַחְדָּו.
אַךְ הִרְהוּרִים כָּאֵלֶּה חִישׁ אַבְרִיחַ
עֵת אֲהוּבִי עָלַי יָדוֹ יַנִּיחַ.

❋ אהובה של האלה אפרודיטה הוא אל המלחמה, ארס.
בעלה הוא האל האומן הפייסטוס, שהיה צולע.

Aphrodite

I'm fed up with the whole affair –
trysts, betrayals, secret meetings.
Everyone says my lover is dumb,
and my husband a dwarf and lame.
For eons, by desire's yoke,
I've harnessed souls to plow flesh;
and for what? For such brief pleasure
an ox and ass have built a farm.
"Dear Goddess, make her love me!"
"He doesn't love me! – Save me, Mother!"
How ridiculous their prayers –
all testosterone and estrogen.
Though I abandon such thoughts whenever
my lover so much as touches me.

❋ Aphrodite's lover is the war god Ares. Her husband is the artisan god Hephaistos.

אַרְטֶמִיס

הֵם מַזְמִינִים אוֹתִי לָצֵאת אַךְ לִי
שׁוּם מִסְעָדָה וְדִיסְקוֹטֶק אֵינָם קוֹרְצִים
וְהַגְּבָרִים הָאֵלֶּה שֶׁרוֹצִים
אוֹתִי בְּמִטָּתָם – לֹא בִּשְׁבִילִי.
אֵין לִי עִנְיָן בְּיַעַר בִּנְיָנִים,
בֵּיתִי – הַיַּעַר, שַׁחַק לְרֹאשִׁי.
לִי הַפְּרָחִים יָפִים מִכָּל תַּכְשִׁיט
וְאַעֲדִיף חֶבְרַת חַיּוֹת עַל פְּנֵי בָּנִים.
לֹא צִמְחוֹנִית – אֹכֶל מִבְּשַׂר חַיַּי:
בִּסְבַךְ הַיְּעָרוֹת אֲנִי צַיֶּדֶת.
אַךְ אִישׁ אֵינִי לוֹקַחַת לִי לְעֶבֶד –
חָפְשִׁית אֲנִי, וְרַק שֶׁלִּי חַיַּי.
רַק מַה תַּכְלִית לַחֹפֶשׁ לֹא אֵדַע,
כִּי בְּתוּלָה אֲנִי בְּאֶרֶץ אַגָּדָה.

❋ ארטמיס, אלת הציד, היא אלה בתולה ופטרונית הנערות.

Artemis

They invite me out, but for me
no restaurant or nightclub appeals
and these men that want me
in their bed – they're not for me.
I'm not interested in a forest of buildings,
my home – the woods, the sky my roof.
To me flowers are more beautiful than any jewel
and I much prefer animals to men.
Not vegetarian – I eat the flesh of my life:
in the thick of the woods I'm a hunter.
But I take no one as slave –
I'm free and my life is only mine –
though I don't know freedom's purpose,
being but a virgin in the land of legends.

❋ Artemis, the hunter goddess is a virgin and guardian of girls.

הקב"ה

בַּקֵּיסָרוּת שֶׁל מַעְלָה אֲנִי אֵל,
שַׁלִּיט פְּרוֹבִינְצְיָה מִזְרָחִית קְטַנָּה –
שָׁם עַם קָטָן הֵקִים לוֹ מְדִינָה
וּמִישֶׁהוּ קָרָא לָהּ יִשְׂרָאֵל.
נִשְׁמַע ג'וֹבּ קַל, אֲבָל מִכָּל פִּנָּה
תְּפִלּוֹת, תְּלוּנוֹת וּבַקָּשׁוֹת בְּלִי דַּי
לֹא מַפְסִיקוֹת לְרֶגַע, אֵין לִי פְּנַאי
אֲפִלּוּ לְפַטְפֵּט עִם הַשְּׁכִינָה.
שָׁכַחְתִּי כְּבָר אֵיפֹה גָּנוּז הָאוֹר –
יֵשׁ חֲטָאִים לִסְפֹּר, יֵשׁ בַּנְק מִצְווֹת,
וְכָל שָׁנָה לִצְבָא הַיְשִׁיבוֹת
נוֹסָף עוֹד גְּדוּד מִתְפַּלְּלִים לִשְׁנוֹר.
אָז דַּי, לֹא אֶעֱנֶה לְשׁוּם תְּפִלָּה –
אִם זוֹהִי דָּת, אֲנִי חוֹזֵר בִּשְׁאֵלָה.

Yahweh

In the celestial empire I'm a god,
ruler of a small eastern province –
where a small nation established a state
and someone named it Israel.
Sounds like an easy job, but from every corner
endless prayers, complaints, and requests
flood in, leaving me no time
even to chat with Divine Presence.
By now I've forgotten where the Precious Light is –
there are sins to be counted, a bank of blessings,
and every year scads of religious schools
add more regiments of supplicants to tithe.
Enough! I won't answer another prayer –
If this is religion, I'll be a nonbeliever.

ישו

אֶת בְּנָהּ שֶׁל שָׂרָה מִשְּׁחִיטָה הִצַּלְתָּ
וְגַם אֲנִי חִכִּיתִי פֹּה עַל צְלָב
שֶׁאֶת בְּנְךָ תִּפְדֶּה, אֲבָל לַשָּׁוְא –
לָעֲקֵדָה שֶׁלִּי שׁוּם אַיִל לֹא שָׁלַחְתָּ.
רַק הַזְּבוּבִים הִגִּיעוּ לִסְעֻדָּה
אַחֲרוֹנָה מְאֹד, אִם לֹא סוֹפְרִים
נַקְנִיק חֲזִיר שֶׁלָּעֲסוּ שׁוֹמְרִים
כְּשֶׁסִּכְּמוּ עוֹד יוֹם שֶׁל עֲבוֹדָה.
אֲנִי מַמְתִּין בְּשֶׁקֶט שֶׁתִּקַּח
אוֹתִי אֵלֶיךָ, אַבָּא, זֶה הַזְּמַן;
נִמְאַס לִי כְּבָר לַחְקֹר אֶת הַשָּׂטָן –
אָבִי נַגָּר אוֹ שֶׁמָּא הוּא מַלְאָךְ?
אֵינִי רוֹצֶה לִהְיוֹת מָשִׁיחַ, לֹא אֲנִי! –
רַק שֶׁתִּקַּח אוֹתִי, וְשֶׁתִּקְרָא לִי בְּנִי.

⁕ על פי הברית החדשה השטן מדבר עם ישו במדבר ומנסה אותו.

Jesus

You saved the son of Sarah from slaughter
and I, too, waited here on a cross
for you to save your son, but in vain –
you didn't send any ram to my sacrifice.
Only the flies arrived for a last
supper, if one doesn't count
the pork sausage the guards chewed
as they mulled over another workday.
I'm waiting silently for you to take
me to you, Dad, now's the time;
I'm sick of questioning the devil –
Is my father a carpenter or angel?
I don't want to be a messiah, not me! –
I want only for you to take me, call me *My son*.

❋ According to the bible the devil tries to tempt Jesus in the desert.

מריה

לִהְיוֹת אֵם הַמָּשִׁיחַ דֵּי קָשֶׁה –
אַלְפַּיִם פֹּה אֲנִי לְיַד הַצְּלָב
עוֹמֶדֶת וּבוֹכָה עַל בְּנִי הַזֶּה
שֶׁלֹּא גָּדַל נַגָּר כַּאֲבוֹתָיו.
הוּא לֹא יָדַע כֵּיצַד תּוֹקְעִים מַסְמֵר,
כְּמוֹ שֶׁנּוֹלַד עָנִי, כָּךְ מֵת עָנִי.
אֲנִי בֶּן אֱלֹהִים, הָיָה אוֹמֵר,
בַּקְּעוּ בּוּל עֵץ וּרְאוּ: גַּם שָׁם אֲנִי.
לָעֲנָוִים נָתַן מַלְכוּת שְׁמֵימִית
כִּי מַלְכוּתֵנוּ הִיא בִּפְנִים, הִסְבִּיר;
אַךְ דְּבַר הָאֵל, יָדַעְתִּי, רַק יָמִית,
וְלָנוּ דָּת שֶׁל יִסּוּרִים יַשְׁאִיר.
אִם מִכָּל זֶה יָצָא דָּבָר מֻצְלָח,
הָיְתָה זוֹ פְּגִישָׁתִי עִם הַמַּלְאָךְ.

✻ "בקעו בול עץ" – הבשורה ע"פ תומא 30.

Mary

It's tough to be the Messiah's mother –
two thousand years I'm here by the cross,
standing in tears over my son who didn't grow up
to become a carpenter like his forefathers.
He didn't know how to drive a nail,
poor he was born, and poor he died.
I'm the son of God he used to say,
cleave a piece of wood and see: I'm there.
To the meek he gave a heavenly kingdom,
because our kingdom is inside, he explained;
but I knew the word of God would only kill
and leave us with a religion of pain.
If one good thing came of all this
it was my rendezvous with the angel.

❋ "Cleave a peace of wood…" – *The Gospel of Thomas*, 30.

אָתֶנָה

בְּכֹחַ אוֹ תַּכְסִיס – אֲנִי לוֹחֶמֶת.
לֹא סוֹד הוּא, בְּמַדִּים אֶצְעַד,
וּמְזִמּוֹת מַטְכָּ"ל אֲנִי זוֹמֶמֶת
כְּשֶׁעַל כְּתֵפִי יַנְשׁוּף, חַיַּת מַחְמָד.
וּמֵהַצַּד – עִסְקֵי חָכְמָה: אֲנִי יוֹעֶצֶת
לְכָל טַיְקוּן, פּוֹלִיטִיקַאי וְרָשׁוּת;
בְּהַלְבָּנַת מִלִּים אֲנִי עוֹלֶצֶת,
בָּאוּנִיבֶרְסִיטָה יֵשׁ לִי מִזְמַן קְבִיעוּת.
אַל תִּתְבַּיְּשׁוּ, אַחַי לַשֵּׂכֶל וְלַנֶּשֶׁק,
גְּבָרִים אֹהַב (רַק בְּבִגְדֵי צָבָא),
אֲבָל לְמִזְמוּזִים אֵין לִי שׁוּם חֵשֶׁק
עֲשׂוּ לִי מִלְחָמָה, לֹא אַהֲבָה.
קָשֶׁה כָּאן, אַךְ אוּכַל לְהִסְתַּגֵּל:
אַחֲלִיף אֶת שְׁמִי – קִרְאוּ לִי יִשְׂרָאֵל

❋ אתנה, אלת החוכמה, היא אלה לוחמת ובתולה.

Athena

By force or ruse – I'm a warrior.
It's no secret, I march in uniform,
plotting General Staff schemes
with a pet owl on my shoulder.
On top of that – wisdom business: I'm a consultant
for every tycoon, politico, and authority;
I rejoice in laundering language,
was tenured long ago by the university.
Don't be shy, my brothers in arms and brains,
I love men (in uniform only),
but I'm not into making out –
make war to me, not love.
It's tough here but I can adapt:
I'll change my name – call me Israel.

❋ Athena, the goddess of wisdom, is a warrior goddess and a virgin.

זֶאוּס

סִלַּקְתִּי אֶת אָבִי. עַכְשָׁו אוֹתִי
כֻּלָּן רוֹצוֹת עָמֹק בֵּין הַסְּדִינִים;
הֵן כֹּה יָפוֹת, זֶה לֹא בִּשְׁלִיטָתִי –
פְּקִידוֹת וּמַזְכִּירוֹת, נְשׁוֹת שְׁכֵנִים...
בַּחֲלָצַי אָבִיב מְבַעְבֵּעַ,
וּכְשֶׁשַּׁרְבִיט אַהֲבָתִי עוֹמֵד
גַּם אִם תַּגִּידִי לֹא, אֲנִי יוֹדֵעַ
לְמָה אַתְּ מִתְכַּוֶּנֶת בֶּאֱמֶת.
אִשְׁתִּי בּוֹלֶשֶׁת וּמַאֲזִינָה,
גְּבָרִים בַּבַּיִת נוֹעֲלִים דְּלָתוֹת,
אֲבָל אֲנִי הַחֹק פֹּה בַּשְּׁכוּנָה
וּמִי יָעֵז לוֹמַר לִי מַה לַּעֲשׂוֹת?
רַק מִבָּנַי הַמִּתְרַבִּים לִבִּי חוֹשֵׁשׁ –
שֶׁלֹּא יָקוּם לִי בְּחַיַּי יוֹרֵשׁ.

❋ האל זאוס סילק מהשלטון את אביו, קרונוס,
ויוחסו לו כיבושים־אינוסים של בנות תמותה רבות.

Zeus

I got rid of my father, now it's me
every female form wants deep between the sheets;
they're all so beautiful, it's beyond my control –
clerks, secretaries, neighbors' wives…
Spring bubbles in my loins,
and when the scepter of my love stands erect
even if you say no, I know
what you really mean is yes.
My wife spies on me and eavesdrops,
men lock their doors at my apartment building,
but I'm the law here in this neighborhood;
who can tell me what to do?
My heart fears only my multiplying sons,
a successor who'll replace me while I'm still alive.

❋ The god Zeus removed his father Kronos from power and many rapes of women and goddesses are attributed to him.

אפולו

עִדָּן חָלַף אֲבָל אֲנִי עוֹד כָּאן
יוֹם־יוֹם בְּמְכוֹן הַכֹּשֶׁר מִתְאַמֵּן
אֵל־נַעַר שֶׁל חַיִּים, גְּבוּרָה וְחֵן,
נַגָּן בְּחֶסֶד וְקַשָּׁת אָמָּן.
בְּתֵל אָבִיב אֲנִי סֶלֶב, אֱלִיל –
אֲדוֹן פֻּלְחַן הַגּוּף וְהַבְּרִיאוּת,
אֲבָל בִּירוּשָׁלַיִם – זְהִירוּת! –
עוֹד יֶאֶסְרוּ אוֹתִי שָׁם בִּתְפִלִּין.
כְּבָר פַּעַם כָּךְ עָשׂוּ הַמַּכַּבִּים –
לַחֲסִידַי חָתְכוּ אֶת הַגָּרוֹן:
אוֹכְלֵי שְׁפַנִּים, בָּאֵי הַתֵּיאַטְרוֹן,
מִנַּעַר עַד זָקֵן – עַל הַסַּכִּין.
גַּם בְּלִי לִשְׁאֹל אוֹרַקְל כְּבָר אֵדַע
שֶׁהַהִיסְטוֹרְיָה פֹּה חוֹזֶרֶת לְמְצָדָה.

❋ האל אפולו סימל גם את יפי הנעורים.

❋ המכבים, כדתיים קנאים, שחטו את החילוניים "המתייוונים".

Apollo

Ages passed but I'm still here
exercising daily in the gym,
a youth-god of life, courage and grace,
a superb musician and master archer.
In Tel Aviv I'm a celeb, a star –
lord of body-worship and strength,
but in Jerusalem, watch out! –
they might chain me down with tefillin.
It already was done once by the Maccabees –
they cut the throats of my followers:
rabbit-eaters, theater-goers,
young and old – all were put to the knife.
Without even asking an oracle I know
history here always means Masada.

❋ The god Apollo embodied youthful beauty.

❋ *Tefillin:* small leather boxes containing Hebrew texts on vellum, tied with straps and worn by Jewish Orthodox men at morning prayer.

❋ *Maccabees:* Priestly family of Jews who organized in the 2nd century BC a successful rebellion against Antiochus IV Epiphanes and reconsecrated the defiled Temple of Jerusalem. Being fanatic fundamentalists, the Maccabees massacred the secular Hellenized Jews who ate non-kosher animals, worshipped at Hellenistic temples and went to watch plays and games at the theater.

❋ *Masada:* a fortification overlooking the Dead Sea that was besieged by troops of the Roman Empire during the First Jewish-Roman War (66–73 CE). The siege ended in the mass suicide of the Jewish rebels and their families hiding there.

הֶרְמֶס

אֵינִי אוֹהֵב כִּיס רֵיק, זֶה לֹא נָעִים.
שְׁטָרוֹת זֶה טוֹב, זָהָב הַרְבֵּה יוֹתֵר,
וְלֹא, אֵינִי בּוֹחֵל בְּאֶמְצָעִים –
גַּנָּב, נוֹכֵל, אוֹ אִם תִּרְצוּ 'סוֹחֵר'.
עַל וֶסְפָּה מְכֻנֶּפֶת בַּכְּבִישִׁים
כְּמוֹ נַעַר שְׁלִיחֻיּוֹת אֲנִי דּוֹהֵר
וּמַעֲבִיר אִגְּרוֹת וַאֲנָשִׁים
בֵּין יֵשׁ לְאַיִן, מַה שֶּׁיּוֹתֵר מַהֵר.
מִטַּלְטְלִין שֶׁל מִיתוֹס יָד שְׁנִיָּה
אָבִיא לִמְכֹּר פֹּה בָּעוֹלָם הַזֶּה;
הַשְּׁאוֹלָה נְשָׁמוֹת אֲנִי נוֹשֵׂא,
עִם הָדֶס אֲשַׂחֵק בְּקֻבִּיָּה.
אַךְ מָה הַטַּעַם בְּכָל זֶה? מָתַי
גַּם אֶת עַצְמִי אָבִיא סוֹף־סוֹף אֵלַי?

* האל הרמס, שליח האלים ומוביל הנשמות,
הוא גם פטרון הסוחרים והגנבים.

Hermes

I don't like empty pockets, they're annoying,
bank notes are good, gold – much better,
and no, I'm not choosy about the means –
thief, crook, or if you prefer, "businessman."
On a winged scooter on the roads
I hurry like a delivery boy
hauling letters and people
as fast as possible between presence and absence,
bring secondhand myths
to sell in this world;
I carry souls to the underworld,
where I play dice with Hades.
But what's the point in all this? When
will I finally deliver myself to me?

❋ The god Hermes, messenger of the gods and carrier of the souls, is also the patron of merchants and thieves.

הָדֶס

אִישׁ לֹא אוֹהֵב אוֹתִי וְלֹא שָׂמֵחַ
לְהִתְאָרֵחַ בִּמְעוֹנִי הַקַּר.
לוּ קֶרְבֶּרוֹס שֶׁלִּי – מִפְלָץ יָקָר –
הָיָה נִרְדָּם, כָּל מֵת הָיָה בּוֹרֵחַ.
הִנֵּה, מִכָּאן! אֵין צֹרֶךְ לְהַמְתִּין –
יֵצְאוּ נָא מִקָּטֹן וְעַד גָּדוֹל!
אֲנִי רוֹצֶה לָנוּחַ קְצָת, לַחְדֹּל,
עָיַפְתִּי מִלִּמְשֹׁל עַל הַמֵּתִים.
שֶׁיִּטְעֲמוּ מְעַט אַלְמָוֶת – לִבְרִיאוּת! –
מֵאָה אַחַר מֵאָה תַּחֲזֹר בְּלִי סוֹף
עַד כִּי לֹא יִשָּׁאֵר לָמָה לִשְׁאֹף:
כָּל מַחְשָׁבָה הָפְכָה כְּבָר לִמְצִיאוּת.
הָיְתָה זוֹ הַקַּלָּה לָמוּת מְעַט
לוּ לִי נָתְנָה אִשְׁתִּי דַּקָּה לְבַד.

Hades

No one loves me and nobody is happy
to be hosted in my cold abode.
If my Cerberus – dear monster –
fell asleep, all the dead would flee.
Here, this way! No need to wait –
Let them all leave, young and old!
I want to rest a bit, take a breather,
I'm tired of ruling over the dead.
Let them taste a bit of immortality, cheers!
Century after century will repeat endlessly
till there's nothing to aspire to anymore:
every thought already reality.
It would be a relief to die for a bit
if only my wife would give me a moment alone.

פֶּרְסֶפוֹנֵה

כֵּן, בַּעֲלִי הוּא בַּעַל הַמֵּתִים.
זִבְחֵי מֵתִים עוֹלִים עַל שֻׁלְחָנֵנוּ.
כָּל מַה שֶּׁיֵּשׁ פֹּה הוּא מַה שֶּׁאֵינֶנּוּ,
וְאֵין בָּאֹכֶל טַעַם, אֵין רֵיחַ בַּוְּרָדִים.
מִשְּׂדוֹת הָאוֹר חָטַף אוֹתִי הָאֵל
אֶל מַמְלַכְתּוֹ שֶׁאֵין בָּהּ צְחוֹק אוֹ דֶּמַע
בְּעַל כָּרְחִי (כָּתְבוּ עַל זֶה פּוֹאֶמָה) –
וְגַם עַכְשָׁו אֶת פִּי אִישׁ לֹא שׁוֹאֵל.
אֲנִי רוֹצָה לָצֵאת לָעִיר, לִרְקֹד,
עִם בְּנֵי טִפֵּשׁ־עֶשְׂרֵה כָּמוֹנִי – כֵּן!
וְאִם הוּא מְקַנֵּא, אֱלִיל זָקֵן,
אָז לְפָחוֹת לָצֵאת קְצָת לִקְנִיּוֹת.
אַךְ לֹא אֵלֵךְ, כִּי בּוֹ כִּשְׁאוֹל אֶמְשֹׁל
וְלֹא אַרְפֶּה מִמֶּנּוּ – זֶה עָנְשׁוֹ!

* הָאדֶס, שליט המתים, חטף את פרספונה הנערה, בִּתה של דֶמֶטֶר, ונשא אותה אל השאול.

Persephone

Yes, my husband is the lord of the dead.
Their sacrifice is served at our table.
All that we have here is what is not,
and there's no taste to the food, no smell in the roses.
The god kidnapped me from fields of light,
brought me to this kingdom of no laughter or tears
against my will (there's a long poem about it)
and now, too, no one ever asks me what I want.
I want to go downtown, to dance
with teens like me – yes!
And if he's jealous, the old godling,
then at least let me shop a little.
But I won't go, I'll instead rule over him like Hell
and never release him – such be his punishment!

❋ Hades, the lord of the dead kidnapped the girl Persephone, daughter of the earth goddess Demeter, and carried her to the underworld.

דִּיוֹנִיסוֹס

מֵאַסְיָה בָּאתִי וְלָכֵן חָשׁוּד
עַל כָּל אֶזְרָח הָגוּן וְכָל שׁוֹטֵר.
אַךְ יֵשׁ כַּמָּה סִבּוֹת טוֹבוֹת יוֹתֵר:
נוֹכְחוּתִי – מָקוֹר לְפֻרְעָנוּת.
לִי כָּל מִפְגָּשׁ עִלָּה לְהִלּוּלָה,
אֶצְלִי בַּתִּיק תָּמִיד בַּקְבּוּק אוֹ שְׁנַיִם.
בְּלִי הַזְמָנָה אָצוּץ – נִשְׁתֶּה לְחַיִּים! –
בְּאֶמְצַע יְשִׁיבַת הַהַנְהָלָה.
לִתְפֹּס וּלְאַשְׁפֵּז אוֹתוֹ, לִכְלֹא! –
קוֹבְעִים הָאַחְרָאִים, שׁוֹמְרֵי הָרוּחַ;
אַךְ מֵחַיִּים שׁוּם אִישׁ אֵינוֹ בָּטוּחַ,
וְאֵין חָסִין מִטֵּרוּפוֹ שֶׁלּוֹ.
אוּלַי אֲנִי מַסְטוּל וּמְשֻׁגָּע,
אַךְ שָׁם מַשְׁמִים, אֶצְלִי – הַחֲגִיגָה.

✻ על פי המיתוס, דיוניסוס, אל השיכרון, הטירוף והטרנספורמציה, הגיע ליוון מהודו.

Dionysus

I came from Asia and am therefore suspect
to every decent citizen, every cop.
And they have good reason to be suspicious:
my very presence is a source of trouble.
To me each meeting is a pretext for revelry,
in my bag there's always a bottle or two.
Without invitation I pop up – let's drink, to life! –
in the middle of the directors' board meeting.
Catch him, hospitalize him, jail him! –
declare the folks in charge, guardians of the mind.
But no man is safe from life,
and none immune to his own madness.
Maybe I'm stoned and crazy,
but it seems so boring – while I'm all party!

❋ According to myth, Dionysus, the god of intoxication, madness and transformation, arrived at Greece from India.

אֲנַנְקֵה (אפילוג)

חֲדַל מִן הַכְּתִיבָה הַזּוֹ, סוֹפֵר!
כְּבָר מְחַכִּים אֵלִים לְאֵין מִסְפָּר,
וְכָל אֶחָד מֵהֶם בָּא לְסַפֵּר
אֶת סִפּוּרוֹ שֶׁפֹּה לֹא יְסֻפַּר.
גַּם נֶפֶשׁ אֵל צוֹפָה וּמְחַכָּה
יֵשׁ לְהַשְׂבִּיעַ בְּמָזוֹן רָאוּי
אֲבָל אַתָּה רַק כְּלִי קִבּוּל רֵיקָן
וְשׁוּם מָזוֹר בְּךָ לֹא יִמְצְאוּ.
עַל כֵּן עֲצֹר עֶטְךָ וְשׁוּב הַבַּיְתָה,
מִן הָאוֹלִימְפּוּס רֵד אֶל בְּנֵי אָדָם,
וְשָׁם סַפֵּר לָהֶם מַה שֶּׁהֵבַנְתָּ –
זֶה לֹא הַרְבֵּה, אַךְ זוֹ מְנַת חֶלְקָם;
אָדָם לְאֵל אַף פַּעַם לֹא יַקְשִׁיב
אִם לֹא יִשְׁמַע אוֹתוֹ דּוֹבֵר מִפִּיו.

Ananke (Epilogue)

Stop this writing, scribe!
Countless gods are waiting,
each come to tell his story,
which won't be told here.
The waiting soul of an expectant god
must be sated with suitable food,
but you're an empty vessel,
they'll find no help in you.
So pause your pen and go home,
descend from Olympus to the human realm,
and tell them what you understood –
it's not much but it's their lot;
humans never listen to a god
unless hearing him speak from their own mouths.

⁕ Ananke, mother of the muses, is a destiny goddess that embodies necessity.

אלוהי היהודים

אֱלֹהִים אַדִּירִים, אֱלֹהֵי הַיְּהוּדִים,
כָּכָה מַתְאִים (אֱלֹהִים, יְהוּדִים).
אָשַׁמְנוּ, בָּגַדְנוּ, אָבִינוּ.
אַתָּה בַּחוּץ וַאֲנַחְנוּ בִּפְנִים,
אֲנַחְנוּ לֹא אֲנַחְנוּ, אֲנַחְנוּ
טוֹבִים.
עָוִינוּ שֶׁבַּשָּׁמַיִם, לְפָנֶיךָ חָטָאנוּ
וְאֵין אָנוּ
אֶלָּא
מַעֲשִׂים.

אֱלֹהִים אַדִּירִים, אֱלֹהֵי הַיְּהוּדִים,
בָּרוּךְ שֶׁלֹּא עֲשִׂיתָנוּ גּוֹיִים
בָּרוּךְ שֶׁאֵין לְךָ בִּכְלָל פָּנִים
בָּרוּךְ שֶׁעֲבָרְךָ נָקִי מִבְּיוֹגְרָפְיוֹת
מִדִּמְיוֹנוֹת, שְׁטֻיוֹת, חִיּוּכִים אֱלֹהִיִּים.
בָּרוּךְ הַשֵּׁם שֶׁאֵין לְךָ שֵׁם
שֶׁאֵינְךָ מַבִּיט מֵעֵינֵי הַקּוֹפִים,
שֶׁאֵין לְךָ שָׁרָשִׁים
וְאֵין לְךָ עָלִים,
שֶׁאֵינְךָ אֲנִי,
שֶׁאֵינְךָ אַתָּה.

עָוִינוּ שֶׁבַּשָּׁמַיִם, תֵּן לָנוּ פַּרְנָסָה
וּרְוָחָה וְהַצְלָחָה.
וְחֶשְׁבּוֹנוֹת שְׁמַיָּא וְתַקְבּוּלֵי תְּפִלָּה
יִרְבּוּ רִבִּית לְפָנֶיךָ,
וַאֲנַחְנוּ חֵילֶךָ,
נְכַרְסֵם
שַׁלְוַת אַרְמְנוֹתֶיךָ.

God of the Jews

Mighty God, God of the Jews,
it fits so well (God, Jews).
We have transgressed, betrayed, Father.
You are outside and we are in,
we are not ourselves, we
are good.
Our perversion who art in heaven,
we have sinned before you,
and we are nothing
but
deeds.

Mighty God, god of the Jews,
blessed art Thou for not making us gentiles,
blessed art Thou for having no face at all,
blessed for Thy past is devoid of biographies,
fantasies, frivolities, divine smiles.
Thank God that you have no name,
that you don't look from monkeys' eyes,
that you have neither roots
nor leaves,
that you are not I,
that you are not you.

Our Father which art in heaven,
grant us subsistence, welfare, success,
and may our heavenly accounts and invoiced prayers
earn a lot of interest before you,
and we, your hosts,
will nibble away
at the peace of your citadels.

אֶת חֶבֶל חֲקֵנוּ תֵּן לָנוּ הַיּוֹם
וּבָנִים עַל אָב נוֹדֶה עָוֹון לְפָנֶיךָ:
כָּשֵׁר, לֹא כָּשֵׁר, כָּשֵׁר, לֹא כָּשֵׁר.
וּבָשָׂר־וּנְשָׁמָה, אָדָם־וְחַוָּה,
אֲנִי־וְאַתָּה נִפָּרֵד לְפָנֶיךָ.
אֶת עֶרְוַת קָדְשֶׁךָ נְכַסֶּה הַיּוֹם:
אֶת הַתֹּהוּ
וְאֶת הַבֹּהוּ
וְאֶת הַחֹשֶׁךְ
וְאֶת הַתְּהוֹם
וְרוּחֵנוּ הַמְרַחֶפֶת עַל הַמַּיִם.

Give us today our daily pain
and like children for father, we'll confess our sins to You:
kosher, not kosher, kosher, not kosher.
And as flesh-and-soul, Adam-and-Eve,
I-and-you, we'll divide ourselves before You.
We'll cover Your holy nakedness today:
the formlessness
and the void
and the dark
and the deep
and our spirit hovering above the water.

Mr. Man

מר איש

בבוקר

בַּבֹּקֶר קָם מַר אִישׁ, רֹאשׁוֹ דּוֹאֵב.
שָׁתָה כּוֹסִית אוֹ עֶשֶׂר אֶמֶשׁ, אַךְ
הַר מִסְמָכִים עַל שֻׁלְחָנוֹ מֻנָּח –
לַעֲבוֹדָה עָלָיו לְהִתְיַצֵּב.
הוּא מְמַהֵר לָאוֹטוֹבּוּס. הַבּוֹס
קַפְּדָן גָּדוֹל, וְחֶרֶב פִּטּוּרִים
מַנְחִית בְּיַד קַלָּה עַל מְאַחֲרִים,
אִם בְּקַלְקָלָתָם אוֹתָם יִתְפֹּס.
דַּקָּה לְתֵשַׁע – הוּא בַּמַּעֲלִית,
עוֹד שְׁתֵּי דַּקּוֹת וּכְבָר הוּא בַּמִּשְׂרָד.
עֵינָיו בּוֹהוֹת בְּצַג מַחְשֵׁב נַיָּד,
וּמַרְאִיתוֹ – כְּמוֹ שָׁם הָיָה תָּמִיד.
אֶת הַמִּשְׂרָד שָׂרַף לוּ רַק יָכֹל;
שְׂפָתָיו מְאַחֲלוֹת יוֹם צַח לַכֹּל.

In the Morning

In the morning Mr. Man gets up, his head throbbing,
he'd downed a glass or ten last night, and now
a mountain of documents waits on his desk,
he must report for work.
He rushes to the bus, his boss
is a hell of a fusspot with a firing sword
he brings down deftly on latecomers
if he catches them in the act.
A minute to nine – he's in the lift,
two more minutes and he's in the office.
His eyes stare blankly at a laptop screen,
and he looks as if he's always been there.
He would burn down the office if he could;
his lips wish everyone good day.

כך חולפת

בְּהַפְסָקַת הַצָּהֳרַיִם עִם כָּרִיךְ
פְּקִידָה, שְׁמָהּ תְּהִלָּה, לוֹ סָחָה:
עַד אָנָה עוֹד תַּמְשִׁיךְ פֹּה כָּכָה?
לִנְקֹט מְעַט יָזְמָה אַתָּה צָרִיךְ!
בָּחוּר כָּמוֹךְ – כִּשָּׁרוֹן מַדְהִים –
לֵךְ טְרֹף אֶת הָעוֹלָם, נָמֵר, קָדִימָה!
וּזְכֹר מַה שֶּׁאָמְרָה עָלֶיךָ אִמָּא –
הַבֵּן שֶׁלִּי יִהְיֶה עוֹד עוֹרֵךְ דִּין!
כֵּן, כֵּן, צוֹדֶקֶת, יְהַנְהֵן אֵלֶיהָ,
וּמַבָּטוֹ בְּמַחְשׁוֹפָהּ נָעוּץ:
מַה שֶּׁתַּגִּידִי מֹתֶק, אִם נָחוּץ
עַל כָּל מִלָּה אַסְכִּים אִתָּךְ פִּי מֵאָה...
אַךְ בְּלִבּוֹ יָדַע אֶת הָאֱמֶת –
רַק שֵׁם לוֹ שֶׁהוּא חַי, אֲבָל הוּא מֵת.

Sic Transit

At lunch break, sandwich in hand,
a clerk named Gloria tells him:
How long will you carry on here like this?
You should take some initiative!
A guy like you – an amazing talent –
take the world by storm, tiger, go!
And remember what your mom said about you –
One day my son will become a lawyer!
Yes, you're right, he nods to her,
his eyes stuck in her cleavage:
whatever you say, babe, if necessary
I'll agree with you on each word a hundred times....
But in his heart he knew the truth –
he is alive only in name, but is dead.

ברוך השם

שׁוּב בְּבֵיתוֹ – בָּרוּךְ הַשֵּׁם, נִגְמַר
עוֹד יוֹם שֶׁל כְּלוּם. עֲדַיִן הוּא נוֹשֵׁם;
בְּשׁוּם עִנְיָן הוּא לֹא נִמְצָא אָשֵׁם,
וּבְנִימוּס הִסְכִּים עִם כָּל דָּבָר.
עַל כֻּרְסָתוֹ פֹּה נָח סוֹף סוֹף מַר אִישׁ,
וּבַסָּלוֹן שׁוֹרָה שַׁלְוָה גְּדוֹלָה:
בַּטֶּלֶוִיזְיָה סֶרֶט פְּעֻלָּה –
אֵין מַה לַחְשֹׁב עוֹד, אֵין מַה לְהַרְגִּישׁ.
לָעֶרֶב יֵשׁ סִדּוּר עִם יְדִידָה –
שְׁנֵיהֶם רוֹצִים זִיּוּן, הִיא – גַּם טַבַּעַת;
"כְּשֶׁאֶסְתַּדֵּר קְצָת, מֹתֶק, אַתְּ יוֹדַעַת" –
לָחַשׁ לָהּ כְּשֶׁנִּרְדַּם שׁוּב לְצִדָּהּ.
אַחֲרֵי כּוֹסִית אוֹ עֶשֶׂר לֹא זָכַר
מַה שְּׁמוֹ וּלְשֵׁם מָה יָקוּם מָחָר.

Thank God

Back at home – thank God, one more day
of nothing is over. He's still breathing;
wasn't found guilty of screwing up a single thing
and politely agreed with everything.
Here on his couch Mr. Man rests at last,
a great peace prevails in the living room:
an action movie plays on the TV – nothing
to think about anymore, nothing to feel.
For the evening he has a deal with a friend –
they both want a fuck, though she – a ring too;
"when I get it together, Baby, you know" –
he whispers in her ear falling asleep at her side.
After a glass or ten, he no longer remembered
his name, and what he would get up for tomorrow.

גברת איש

כֵּן, זֶה הַזְּמַן לָצוּד לִי גֶּבֶר;
עִם מִתְמַחֶה צָעִיר אֲנִי יוֹצֵאת.
רוֹצָה לִמְצֹא לִי בַּעַל עַד הַקֶּבֶר
אַךְ הַחַרְמָן רַק לַמִּטָּה רוֹצֶה.
וְלֹא שֶׁרַע – אִתּוֹ אֲנִי אוֹהֶבֶת
לִקְרֹעַ תַּ'סְדִינִים בָּעֲרָבִים,
אֲבָל כָּל כּוֹבָעוֹן אֲנִי נוֹקֶבֶת –
כְּשֶׁאֶכָּנֵס לְהֵרָיוֹן, יָבִין.
נִבְנֶה בְּיַחַד קֵן – הוּא יְפַרְנֵס,
אֲנִי אֶדְגֹּר בַּבַּיִת וְאַשְׁמִין,
וּמֵעַתָּה בְּפִי כֹּל אֲכֻנֶּה
גְּבֶרֶת אִישׁ וְאֵשֶׁת עוֹרֵךְ דִּין.
אָז בּוֹא מָתוֹק וְתַעֲשֶׂה לִי יֶלֶד,
אֶת עֲתִידְךָ אֲנִי פֹּה מְבַשֶּׁלֶת.

Mrs. Man

Yes, it's time to hunt a man;
I date a young lawyer in training.
I want to find myself a husband till death do us part
but this horndog wants nothing but to go to bed.
And I'm not complaining – I love to tussle
the sheets with him in the evenings,
but I puncture every condom –
when I become pregnant, he'll understand.
We'll build a nest together – he'll provide,
I'll hatch at home and grow fat,
and from then on, everyone will call me
Mrs. Man, and a lawyer's wife.
So come, sweetie, and make a child for me,
it's your future I'm cooking here.

שְׁנִים

שָׁנִים חָלְפוּ, כְּבָר יֵשׁ לוֹ מִשְׁפָּחָה
וּבְלִי מֵשִׂים צָמְחוּ שָׁם בֵּן וּבַת –
אֶת הַיְדִידָה, כְּשֶׁכְּרֵסָהּ תָּפְחָה,
מִתַּחַת לַחֻפָּה נָשָׂא כַּדָּת.
בִּשְׂעָרוֹ כְּבָר נִזְרְקָה שֵׂיבָה,
וּבַמִּשְׂרָד יֵשׁ לוֹ מִזְמַן קְבִיעוּת;
כְּלָל לֹא נוֹרָא לִחְיוֹת בְּלִי אַהֲבָה
(יֵשׁ מְכוֹנִית, וְהָעִקָּר – בְּרִיאוּת).
רֵעוּת, מַזְכִּירָתוֹ, לָזֶה תַּסְפִּיק –
לִשְׁבֹּר אֶת הַשִּׁגְרָה בְּמִין זָמִין;
אֶת רֵיקוּתוֹ אֶל רֵיקוּתָהּ יָרִיק,
וְיַעֲבִיר חַיָּיו בַּנְּעִימִים.
הוֹלֵךְ וּמִתְרוֹקֵן שְׁעוֹן הַחוֹל,
וּמַה נִּשְׁאַר? לִשְׁתּוֹת וְלֶאֱכֹל.

Years

Years have passed, he has a family,
a boy and a girl have grown up almost unnoticed –
when his friend's belly swelled, he married her
under the wedding canopy, as decreed.
His hair has already turned gray,
and he has a permanent post in the office;
it's not that bad to live without love
(he has a car, and more importantly – good health).
His secretary, Amity, suffices for this –
breaking daily routine with easy sex;
he empties his emptiness into hers,
passes his days pleasantly enough.
The hourglass is growing empty,
and what's left? To eat and drink.

בוס

בּוֹס בָּא וּבוֹס הָלַךְ, אַךְ הוּא שָׂרַד,
וּבַמִּשְׂרָד, מִכֹּחַ הַהֶתְמֵד –
(הֲלֹא הוּא מְקֻבָּל עַל כָּל אֶחָד) –
הָפַךְ לַמְנַהֵל, וְהוּא שׁוֹלֵט.
לָעֲבוֹדָה בְּעֶשֶׂר הוּא מַגִּיעַ,
מִתֵּשַׁע שָׁם רוֹדֶה אֵיתָן, סְגָנוֹ,
שֶׁצֶּוֶת הָעוֹבְדִים תַּחְתָּיו מַזִּיעַ
וְכָךְ רַק אֶת הַסְּגָן מַפְלִיא לִשְׂנֹא.
עִם הַקּוֹלֶגוֹת מְפַטְפֵּט הוּא בַּנַּיָּד,
בִּשְׁתַּיִם מְצַלְצֵל גַּם אֶל אִשְׁתּוֹ.
אִם מִישֶׁהוּ מִתְלוֹנֵן, יִלְחַץ לוֹ יָד:
לוּ רַק יָכֹל – זֶה לֹא בִּשְׁלִיטָתוֹ...
תִּזְרֹם אָחִי, יֹאמַר אֵלָיו, תִּזְרֹם,
וּבְצֵאתוֹ עַל פִּטּוּרָיו יַחְתֹּם.

Boss

Bosses came and went, but he survived,
and in the office, by inertia's force –
(after all no one *dis*liked him) –
he became the manager, now sets the rules.
He arrives at work at ten, his deputy,
Ethan, having tormented the workers since nine,
under whom the staff sweats
and thus heartily detests him.
So he chats on his cellphone with colleagues
and at 2pm calls his wife, too.
If somebody complains, he'll shake his hand:
if only he could, it's beyond his control…
hang in, friend, hang in, and when the guy leaves,
he signs his walking papers.

נפלא

בָּעִתּוֹנִים עַיֵּן בְּרֹב עִנְיָן:
עוֹבְדִים זָרִים מְגֹרָשִׁים, קָרָא,
וּבְמַחְסוֹם עוֹצְרִים יוֹם יוֹם מִנְיָן
שֶׁל עֲרָבִים בַּדֶּרֶךְ – זֶה נוֹרָא.
צִקְצֵק בִּלְשׁוֹנוֹ בֵּין חֲבֵרִים,
כַּמָּה זֶה מְצַעֵר, הִסְכִּים אִתָּם,
הַמְּדִינָה הִיא דִּיר שֶׁל חֲזִירִים –
וּכְבָר עָלֵינוּ הַגּוֹלָל נִסְתַּם.
הַכֹּל נִפְלָא, וְרַק, לָאַחֲרוֹנָה
צָץ בַּמִּשְׂרָד טַרְדָן אָפֵל, מוּזָר;
מַזְכִּירָתוֹ, רֵעוּת, שׁוּב לוֹ עוֹנָה –
מַר אִישׁ אֵינוֹ נִמְצָא, יַחֲזֹר מָחָר.
וּבֶאֱמֶת הַבַּיְתָה יְמַהֵר;
כְּשֶׁמְּחַפְּשִׂים אוֹתְךָ, עָדִיף לְהִסְתַּתֵּר.

Fine and Dandy

He studied the newspaper with interest:
foreign workers expelled, he read,
and everyday at the check point – how terrible! –
a dozen more Arabs are detained.
Among friends he'd *tsk*,
how sad, he'd agree with them,
the country is a pigsty –
we're already dead and buried.
So everything is fine and dandy, though lately
a strange, dark pest has popped up in the office;
to whom his secretary, Amity, keeps saying –
Mr. Man is out, he'll be back tomorrow.
And he rushes home indeed;
when they look for you, it's best to hide.

עַל מָה

יָשַׁב בַּבַּיִת וְחָשַׁב נָבָר:
עַל מָה אֶזְרָח כָּמוֹנִי מְחַפְּשִׂים?
אַף פַּעַם לֹא עָשִׂיתִי שׁוּם דָּבָר,
אֶצְלִי לֹא לַעֲשׂוֹת – עִקָּר בְּסִיסִי.
גַּם אִם הִבַּעְתִּי פֹּה וְשָׁם דֵּעָה
הִיא לֹא הָיְתָה שֶׁלִּי – דְּבָרִים שֶׁל סְתָם,
שֶׁנֶּאֶמְרוּ מִכֹּרַח הַשָּׁעָה
לְשֵׁם רִצּוּי בֶּן שִׂיחַ דַּעְתָּן.
שׁוּם כְּלוּם עָלַי הֲרֵי לֹא יִמְצְאוּ –
אַף פַּעַם לֹא נָקַטְתִּי עֶמְדָּה,
שָׁתַקְתִּי כְּשֶׁנִּשְׁלְלוּ, חִסְּלוּ, כָּלְאוּ –
מוּל כָּל סַמְכוּת הִרְכַּנְתִּי רֹאשׁ קָטָן.
אַמְתִּין לִי כָּאן עַד יַעֲבֹר הַזַּעַם;
עוֹד אֲחַדֵּשׁ חַיַּי בְּעֹנֶג כְּמוֹ פַּעַם.

Why Would They

Why would they look for a citizen like me?
I've never done anything;
for me, doing nothing is a fundamental principle.
Even if here and there I've expressed an opinion,
it wasn't mine – mere words of no importance
said by the necessity of the occasion
to humor an opinionated person in conversation.
They'll find absolutely nothing on me, you see –
I've never taken a stand on anything, I kept silent
when they dispossessed, imprisoned, exterminated –
before every authority I bowed my small head.
I'll just wait here till the danger passes over;
I'll soon resume my life of simple pleasures.

טלפון

רַק כְּשֶׁצִּלְצֵל הַטֶּלֶפוֹן הֵבִין
שֶׁזֶּה הַמָּוֶת מִתְקַשֵּׁר לוֹמַר:
מָתַי שֶׁתִּצְטָרֵךְ אֲנִי מַמְתִּין
לְשֵׁרוּתְךָ, אַל תְּהַסֵּס נָא, מַר.
הָפַךְ פָּנָיו, יָצָא בְּצַעַד מָט
מִתּוֹךְ הַבַּיִת לִרְחוֹב הוֹמֶה.
כָּאן בֶּהָמוֹן, חָשַׁב, לְמִי אִכְפַּת?
אִישׁ לֹא יֵדַע אִם חַי אֲנִי אוֹ מֵת.
אָז לִרְוָחָה נָשַׁם וְהִתְאוֹשֵׁשׁ,
הָלַךְ לְסֶרֶט, וּמִשָּׁם לַוְּעִידָה.
בַּהַפְגָּנָה צָעַד כְּמוֹ כּוֹבֵשׁ,
אַךְ כְּשֶׁצִּלְצֵל שׁוּב הַנַּיָּד, יָדַע.
בְּיָד רוֹעֶדֶת אֶת אָזְנוֹ הִטָּה,
וְאָז שָׁמַע: אֲנִי – מְזֻמָּן אַתָּה.

Phone Call

Only when the phone rang did he understand
it was death calling to say:
whenever you need me, I'm at your service,
please don't hesitate, Sir.
He turned around and with wavering steps, headed
out of his house into a bustling street.
Here in the crowd, he thought, who cares?
No one will know if I'm alive or dead.
Then he breathed with relief, became again himself,
Went to the movies, and from there to the conference.
In the demonstration he marched like a conqueror,
but when the cell phone rang again, he knew.
With a trembling hand he listened, rapt, and heard:
You didn't notice – but for quite a while I've been you.

Poems of Reckoning

שירי חשבון

הַבְּרָכָה

מִי אַתָּה, בְּנִי, הַבָּא לְבָרְכֵנִי?
כְּבָר כָּהוּ עֵינַי מִדִּמְעָה.
מִי יִפְתַּח אֶת פִּי וִינַחֵנִי
מָה אֹמַר, עוֹטַת חַג וְאֵימָה?

עַל מַגָּשׁ שֶׁל כֶּסֶף אֵלַי הֵבֵאתָ
עֵגֶל פָּז תַּחַת צֶלֶם אָדָם;
וְאוֹחֶזֶת בּוֹ, חַשְׁתִּי לְפֶתַע
אֵיךְ כֻּסּוּ יָדֶיךָ בַּדָּם.

אֵיךְ מָכַרְתָּ לִבְּךָ לְאָוֶן וָאַיִן
כְּמוֹ לֹא הָיוּ הַדְּבָרִים מֵעוֹלָם;
הַקּוֹל קוֹל הֶבֶל, אַךְ יָדֶיךָ קַיִן –
אֲמָשְׁךָ נָא בְּלֵב נֶאֱלָם.

אוגוסט 2014

The Blessing

Who are you, my son, who comes to bless me?
My eyes are too weak from crying to see.
Who will open my mouth and guide me
in what to say, donning solemnity and dread?

On a silver platter you brought me
a golden calf instead of a human image;
and holding it I suddenly felt
how your hands are covered with blood.

How you sold your heart for evil and vanity
as if nothing had come to pass here;
Your voice is Abel's, but your hands are Cain's –
my heart is dumbfounded, let me touch you.

August 2014

❋ Written at the end of the second Gaza War, also known as Operation Protective Edge; reprinted in the newspaper *Yediot Schronot*, the biggest daily in Israel, in August 2015 in response to the burning of a Palestinian baby and the attack on the Gay Pride Parade in Jerusalem.

מציאות

בִּימֵי מְלֹךְ הַזָּהָב, לַעֲשׂוֹת דְּבַר הַמֶּלֶךְ
הִשְׁכִּימָה אִשָּׁה אֶל מְלֶאכֶת הַיּוֹם.
קְצָת לֶחֶם פָּרוּס, שְׁיַר סָלָט כְּרוּב אָדֹם
לִקְּטָה לְבֵיתָהּ מִפַּחֵי סוֹף הַדֶּרֶךְ;
שְׁאֵרִית שֶׁל תַּבְשִׁיל, רֹאשׁ בָּצָל מְעֻפָּשׁ,
עִתּוֹן מֵאֶתְמוֹל וּפִנְקָס מְקֻשְׁקָשׁ.

בַּפַּחִים שֶׁמִּמּוּל גַּם מָצְאָה עִפָּרוֹן
וְיָשְׁבָה עַל סַפְסָל לִכְתֹּב זִכָּרוֹן:
"בִּימֵי מְלֹךְ הַזָּהָב", כָּךְ כָּתְבָה הָאִשָּׁה,
"כְּשֶׁחִשַּׁבְתִּי סְפָרוֹת כְּחֻלּוֹת עַל הַזְּרוֹעַ
מָצָאתִי שָׁוֶה עֵרֶךְ גִּימַטְרִי לָרֹעַ:
מָאתַיִם שָׁלֹשׁ שֵׁשׁ חָמֵשׁ – הֵם 'בּוּשָׁה'.
כֵּן, אוֹמְרִים שֶׁעִבְרִי גַּם בְּעָנְיִ בֶּן שָׂר,
אַךְ מַה צֶּלֶם אֱנוֹשׁ בַּפַּח לִי נוֹתַר?"

עוֹדָהּ שָׁם יוֹשֶׁבֶת, עִם נַפְשָׁהּ מִסְתּוֹדֶדֶת,
שְׁנֵי שׁוֹטְרִים פִּתְאֹם צָצוּ מִתּוֹךְ הַנַּיֶּדֶת:
"הֵי אַתְּ, בּוֹאִי הֵנָּה!", בִּקְשׁוּ תְּעוּדוֹת.
– "הִנֵּה כָּאן, זֹאת אֲנִי, יְהוּדִיָּה וּכְשֵׁרָה,
לֹא חֲלִילָה וְחַס מְהַגֶּרֶת זָרָה."
– "נוּ אִם כָּךְ הַכֹּל עֶשֶׂר!" – "שָׁלוֹם וְתוֹדוֹת."

בִּימֵי מְלֹךְ הַזָּהָב, בְּבֹקֶר לֹא עָב
אִשָּׁה זְקֵנָה מָצְאָה שָׁלָל רַב.

Bargains

In the days of gold's reign, to do the king's bidding,
a woman rose early for the day's work. She plucked
some sliced bread and leftover red cabbage salad
from the garbage bins where the road ends;
the remnants of a stew, a rancid onion,
yesterday's newspaper, and a scribbled-in notebook.

In the bins across the road, she found a pencil, too,
and sat down to write a memorial note:
"In the days of gold's reign," the woman wrote,
"when I added up the blue numbers on my arm
I found a numerological equivalent to evil:
two hundred, three, six, five equals 'shame.'
Yes, it's said that even in poverty, a Jew is a prince,
but what human dignity is left for me in the bin?"

Still sitting there, swapping secrets with her soul,
two cops suddenly popped from a squad car:
"Hey, you, come here!", they asked for papers.
– "Here I am, that's me, Jewish and kosher,
not, god forbid, a foreign immigrant."
– "Then it's all good" – "So long, and thanks."

In the days of gold's reign, on a clear morning,
an old woman found ample spoils.

* In Hebrew gematria (sacred numerology), the numbers "two hundred, three, six, five" equals the Hebrew word for "shame."

מחר

דּוֹר הוֹלֵךְ וְדוֹר בָּא וְעֵינֵנוּ פְּקוּחָה עוֹד
לִרְאוֹת מַה יָּבִיא הַמָּחָר לוֹ נִשְׁאַף;
הֵן אֵלָיו נִשְׁלָחוֹת שׁוּב יָדֵינוּ לָגַעַת –
לְמַרְאוֹת לֹא רָאִינוּ נִרְעַב.

לְמַרְאוֹת לֹא רָאִינוּ נִרְעַב וְנִצְמָא
כִּי חַיֵּינוּ מִכְּבָר הִתְרוֹקְנוּ מֵחַיֵּינוּ;
וּבְלִי אֹכֶל-הָרוּחַ גָּוְעָה הַנְּשָׁמָה
לְבַקֵּשׁ רַחֲמִים עָלֵינוּ.

לְבַקֵּשׁ רַחֲמִים אֵיךְ נוּכַל עוֹד אַחִים?
בְּעוֹלָם רְפָאִים אֶת חַיֵּינוּ שֵׂרַכְנוּ.
וְשָׁמַן לִבֵּנוּ מֵחֵלֶב זְבָחִים,
בַּזָּהָב וּבַנֶּשֶׁק בָּטַחְנוּ.

בָּטַחְנוּ בַּשֶּׁקֶר, בְּמוּסַר הַלִּסְטִים
בָּלוּ רִגְשׁוֹתֵינוּ, שִׂכְלֵנוּ קָהָה,
וְיָדַע לִבֵּנוּ אֶת אֱמֶת הַמֵּתִים:
כָּל מַה שֶּׁנִּהְיֶה כְּבָר הָיָה.

כִּי מַה שֶּׁנִּהְיֶה הוּא כָּל מַה שֶּׁנָּשַׁכְנוּ –
בְּשַׂר עָנִי וּמְהַגֵּר, עֲרָבִי אוֹ זָקֵן;
וְאֵין לָנוּ אֲנִי מִלְּבַד זֶה שֶׁאֲנַחְנוּ –
רַחֲמִים בּוֹ בִּקַּשְׁנוּ וָאַיִן.

עַל אוֹכְלֵי אַשְׁפַּתּוֹת, קַבְּצָנֵי קִצְבָּאוֹת,
עַל פְּלִיטִים שֶׁגֵּרַשְׁנוּ מֵעֵבֶר לַגְּבוּל,
עַל יַלְדָּה בַּמַּחְסוֹם, עַל אֵם וְאָחוֹת,
עַל עוֹקְרֵי הַזֵּיתִים וְהַיְּבוּל –

Tomorrow

Generations come and go, and our eyes remain open
to see what the tomorrow we strive for will bring;
once more our hands stretch to touch it –
as we hunger for sights we're yet to see.

We hunger for sights we're yet to see,
with the thirst of lives long emptied,
and without the food of the spirit
our souls died so they could ask mercy for us.

Brothers, how can we still ask for mercy?
In a world of ghosts, we walked our lives heavily.
And we larded our hearts with the fat of sacrifices,
putting our trust in gold and weapons.

We put our faith in lies, in the ethics of bandits,
our feelings worn out, our minds dulled,
and our hearts knew the truth of the dead:
all we will be already was.

For what we will be is all that we bit into –
the flesh of the poor, immigrants, Arabs, the old;
and we have no *I* except the ones we are –
where we looked for mercy, we found none.

For garbage-eating street-people, begging pensioners,
for refugees we've deported beyond our borders,
for a girl at a checkpoint, a mother, a sister,
for destroyers of crops –

אַל תֹּאמְרוּ: לֹא יָדַעְנוּ בַּמַּעַל הָיְתָה,
לֹא פִּינוּ קָרָא בֶּהָמוֹן הַמֵּרִיעַ;
לֹא יָדַעְנוּ הֵנִיפָה פֹּה שׁוֹט וּפְלָדָה –
רַק צָפִינוּ שׁוֹקְטִים מִיָּצִיעַ.

כִּי שֶׁקֶט הוּא רֶפֶשׁ שֶׁאוֹטֵם אֶת הַנֶּפֶשׁ –
אִם לִבְּכֶם לֹא יִזְעַק, יִזְעֲקוּ אֲבָנִים:
עֵת בֵּיתֵנוּ יִמֹּט עַל כֻּלָּנוּ יִקְרֹס –
מִכָּל פֶּה זְעָקָה, וְדָם עַל כָּל נֶפֶשׁ.

מַה מָּחָר פֹּה הִשְׁאַרְתֶּם, אָבוֹת לַבָּנִים?
לֹא לִבְנוֹת פֵּרוּשׁוֹ לַהֲרֹס.

don't say: it's not our hand that caused this outrage,
not our mouths that comprised the shouting crowd;
not our hand that brandished the whip and steel –
we only watched in silence from the upper galleries.

For silence is slime that seals the soul –
if your hearts won't cry out, the stones will:
when a house collapses, it falls on all of us –
a cry in every mouth, and blood on every soul.

What tomorrow have you left, parent to child?
Not to build means to destroy.

והעיר נהפכת

שֶׁמֶשׁ מֵעַל גַּגּוֹת, שֶׁמֶשׁ עַל הָעִיר,
מֵעַל הַמּוֹכְרִים וְהַקּוֹנִים, מֵעַל לוֹגְמֵי הַקָּפֶה,
מֵעַל עֲשַׁן הַמְּכוֹנִיּוֹת, מֵעַל אוֹהֲבִים וְאַהֲבָתָם –
עוֹלָם כְּמִנְהָגוֹ, עוֹלָם כְּמִנְהָגָם, אֲבָל סוֹפוֹ בְּתוֹכוֹ,
בְּתוֹכָם.

עוֹד מְעַט וְהָעִיר נֶהְפֶּכֶת
עַל רִשְׁרוּשׁ עֲטִיפוֹת כְּרִיכֵי הַמִּזְנוֹנִים,
וְעַל מִלְמוּל הַפְּקִידִים הָרְתוּמִים לְשֻׁלְחָנָם,
עַל קִרְקוּשׁ תֻּפֵּי כְּבִיסָה בַּמִּכְבָּסָה הַצִּבּוּרִית,
וְעַל חֵרוּק שִׁנֵּיהֶם וּרְכִינַת רֹאשָׁם
שֶׁל פּוֹעֲלֵי הַפִּירָמִידוֹת וְשֶׁל עַבְדֵי הַקַּבְּלָנִים,
אֵלֶּה הַזָּרִים וְאֵלֶּה הַמְּכָרִים,
וְעַל תּוֹדוֹת גְּמוּלֵי הַחֶסֶד, נִתְמְכֵי סְעֻדָּתָם,
הַמְּחַפְּשִׂים וּמוֹצְאִים
בָּאַשְׁפָּה אֶת מִחְיָתָם.

עוֹד מְעַט וְהָעִיר נֶהְפֶּכֶת
עַל מַגָּשֵׁי הַמֶּלְצָרִים הָרָצִים לְשֵׁרוּתָם
שֶׁל מַנְכָּ"לִים קְטַנִּים וּמַנְכָּ"לִים גְּדוֹלִים,
שֶׁל אֲצִילֵי וְעָדִים מוּרָמִים מֵעַם,
גְּבִירֵי נְמֵלִים וּמַיִם וְחַשְׁמַל,
וְשֶׁל פּוֹלִיטִיקָאִים, נִבְחָרֵינוּ,
שֶׁצַּלַּחְתָּם אֻמָּנוּתָם;
עַל צִלְצוּל כּוֹסוֹת הַבְּדֹלַח שֶׁל הוֹד טַיְקוּנוּתָם,
אֲדוֹנֵי הַמָּזוֹן וְהַדֶּלֶק וְהַבַּנְק
אוֹכְלֵי עֲמָלֵנוּ, פַּרְעוֹנֵי יִשְׂרָאֵל,
אֲשֶׁר כֻּלָּנוּ לְרַגְלֵיהֶם כִּנְמָלִים בַּעֲמָלָן,
וְאִם נִפֹּל יָבוֹאוּ בָּנֵינוּ אַחֲרֵינוּ –
אֲרִיסִים, טֶכְנָאִים וּמְשָׁרְתִים לְשָׁרְתָם.

Soon the City Will Be Overthrown

Sun on rooftops, sun on the city,
on the buyers and sellers, the coffee-sippers,
on the car exhaust, on lovers and their love –
the world goes on, life goes on, though its end is
within it, within them.

Soon the city will be overthrown
on the grumbling clerks hitched to their desks
and the bustle of sandwich wrappers in cafeterias,
on the rattling washer-dryers at laundromats
and the teeth-gnashing and kowtowing
of corporate workers and contractors' slaves
both foreign and local,
and on the thanks of charity-receivers and soup-kitchen-goers,
who seek and find
their livelihood in garbage.

Soon the city will be overthrown
on the trays of waiters rushing in with service
for chairmen small and big,
on choice employees, committee nobles,
lords of seaports, water, and electricity,
and on politicians, our elected representatives,
whose skill lies in filling their own plates;
on the clink of crystal glasses of the excellency, tycoons,
masters of food, gas, and banks,
these consumers of our work, Pharaohs of Israel,
at whose feet we're like toiling ants,
and for whom, if we fall, our kids fill in,
vassals, technicians, and workers to serve them.

עוֹד מְעַט וְהָעִיר נֶהְפֶּכֶת
עַל תַּלְמוּד הַמּוֹרִים הַמְדַכְּאִים עַד עֲפָרָם,
וְעַל קִצְבּוֹת הָאַבְרֵכִים, נְדוֹנֵי תַּלְמוּד הַנֵּצַח,
הַסְּמוּכִים בְּהַסְמָכָה עַל שֻׁלְחַן כֻּלָּם;
עַל קַבְּלָנֵי הַקּוֹלוֹת וְהַמַּצְבִּיעִים בַּסָּךְ,
עַל מֶרְכְּזֵי הַמִּפְלָגוֹת, עַל הַכְּרָזוֹת, עַל הַהַכְרָזוֹת,
וְעַל הַקַּלְפִּיּוֹת הָרֵיקוֹת
מִקּוֹלֵנוּ שֶׁנָּדַם.

עוֹד מְעַט וְהָעִיר נֶהְפֶּכֶת
עַל שַׁלְוַת הַמְיֹאָשִׁים וְהָעֲשׁוּקִים מִמַּעַשׂ,
עַל מַחְשְׁבוֹתֵינוּ־לֹא־מַחְשְׁבוֹתֵינוּ,
עַל אֶקְרָנֵי הַחֲדָשׁוֹת
שֶׁהָיִינוּ כְּחוֹלְמִים בְּהָלְכֵנוּ לְאוֹרָם;
עַל שְׁתִיקַת כָּל הַכְּבָשִׂים, עַל נְאוּמֵי הַזְּאֵבִים,
עַל הָעִתּוֹנִים לְהַשְׂכִּיר, הָעוֹשִׂים רְצוֹן קוֹנָם,
וְעַל נְגִיסַת הַנּוֹגְשִׂים בָּנוּ, הָאוֹכְלִים עַל הַדָּם,
וְאֵין פּוֹצֶה פֶּה וּמְצַפְצֵף
פֶּן יִתָּבַע לְדִינָם.

עוֹד מְעַט וְהָעִיר נֶהְפֶּכֶת
עַל עַכְבָּרִים וַאֲנָשִׁים,
עַל הָעֵינַיִם הַמֻּשְׁפָּלוֹת בְּמַחְסוֹמֵי הַדְּרָכִים,
עַל הַמֵּתִים, כּוֹבְשֵׁי הָהָר,
תְּמוּנַת נוֹף מוֹלַדְתָּם,
עַל הִתְנַחֲלֻיּוֹת אוֹשְׁוִיץ וְהִתְנַחֲלֻיּוֹת מְצָדָה,
עַל הַשּׁוֹאָה שֶׁהָיְתָה, וְעַל זוֹ הַבָּאָה,
עָלֵינוּ וְעַל בָּנֵינוּ, עַל חֲצִיר הָעָם,
עַל קַדִּישׁ קִבְרֵנוּ וְעַל קַדִּישׁ קִבְרָם.
וְאַל נֹאמַר אָמֵן, וְאַל נְדַבֵּר בִּשְׂפָתָם,
וְאַל נֵלֵךְ עוֹד לְשִׁיטָתָם, בְּחֻקֵּיהֶם, בְּעַוְלָתָם.

Soon the city will be overthrown
on the teaching of the teachers, oppressed, low to the ground,
and on the subsidies of Yeshiva students, condemned to eternal study,
ordained to be supported by all of us;
on the lobbyists and the procession of voters,
on the parties' headquarters, posters, and proclamations,
and on the ballot boxes, empty
of our voices gone silent.

Soon the city will be overthrown
on the tranquility of the hopeless, and those unable to act,
on our thoughts that are not our thoughts,
on the light of TV screens
in which we walk as if dreaming;
on the silence of all the sheep, on the speeches of the wolves,
on the newspapers that do the bidding of their owners,
and on the bite of our oppressors, who eat meat with blood in it,
and there's none who opens his mouth to squeak
for fear of being sued.

Soon the city will be overthrown
on mice and people,
on lowered eyes at road blocks,
on the dead, conquerors of the mountain
and the very image of their homeland's landscape,
on Auschwitz settlements and Masada settlements,
on the holocaust that was and the ones to come,
on us and on our children, by this grass-like nation,
on the kaddish chanted over our graves
and the kaddish chanted over theirs.
And let's not say amen, and let's not speak their language,
let's refuse to follow their ways, their laws, their wrongs.

עוֹד יוֹם, עוֹד יוֹמַיִם – וְהָעִיר נֶהְפֶּכֶת,
וְאִם לֹא תֵהָפֵךְ, הִפְכוּהָ!

In a day, maybe two, the city will be overthrown,
and if not, go out and overthrow it!

❋ *subsidies of Yeshiva students:* Yeshiva students receive subsidies from the state through federal taxation to fund their schools.

❋ *on the kaddish chanted:* The kaddish is a central prayer in the Jewish liturgy, and it is part of the prayer for the dead recited by the grave.

משא המשוגע

1

אָמֵן אוֹמֵר אֲנִי לָכֶם,
אֶל כָּל אֲשֶׁר
לֹא יִקָּנֶה וְיִמָּכֵר
וְאֵין אַשְׁרַאי לְנִשְׁמָתוֹ
כִּי אִם רָעָב.
אֶל כָּל אֲשֶׁר אָבְלוּ
כִּי שָׁמְנָה הָאָרֶץ וְנָבְלָה שְׂפָתָהּ
עַד לֹא יָדְעוּ יוֹשְׁבֶיהָ עוֹד
בֵּין טוֹב לְרָע –

אָמֵן אוֹמֵר אֲנִי לָכֶם,
עַל הַקּוֹרְאִים לֶאֱלִילֵי אָבוֹת
מִבֵּית אֵין סֵפֶר בּוֹ, מִגְּדוּד, מִמַּחְסוֹמֵי אָדָם,
מִבֵּית הַכְּנֶסֶת וְהַבַּנְק,
מִתּוֹךְ חַדְרֵי מִטּוֹת וּמֵחַדְרֵי לִבָּם –
וְאֵין עוֹנֶה.

אָמֵן אוֹמֵר אֲנִי לָכֶם,
כִּי עֲשִׂיתֶם אִישׁ לְבֵיתוֹ:
בָּשָׂר בְּעַד בָּשָׂר, רָקָב בְּעַד רָקָב.
כִּי בָּזֶה אֲחַזְתֶּם, וּמִזֶּה לֹא תַּנִּיחוּ,
מִכָּל שֶׁיַּעֲלוּ הַמַּזְלֵג וְהַשַּׁלָּט,
וְאִישׁ אֶת בְּשַׂר רֵעֵהוּ
בְּלַעְתֶּם לְהִתְפַּקֵּעַ,
וּבְעֵינְכֶם הָרֵיקָה הָרָעָב.
וְהָיָה בֵּיתְכֶם לִמְשִׁסָּה, וְלִסְטִים מוֹשְׁלִים בּוֹ,
שֶׁבַח אֵל בִּגְרוֹנָם עִם רוֹמְמוֹת עַם –
וְדָמִים בִּימִינָם.
אֲשֶׁר מָכְרוּ אֶתְכֶם לַעֲשִׁירֵי הָאָרֶץ,
אֲשֶׁר עִוְּרוּ אֶת בְּנֵיכֶם

The Madman's Prophecy

1

Amen I say unto you,
to whoever
is not bought and sold
and his soul has no credit,
but hunger.
To all who grieve
how the land has grown fat, and its tongue withered
to the extent its inhabitants can no more tell
right from wrong –

Amen I say unto you,
those who invoke their forbears' gods
from schools, regiments, road blocks,
synagogues, and banks,
from their bedrooms and the depths of their chambered hearts –
and there's no one to answer.

Amen I say unto you
who have guarded your own interests:
flesh for flesh, rot for rot.
For you've taken hold of this without letting go of that,
whatever forkful and whatever channel the remote brings up,
how you've swallowed
the flesh of one another
to the point of bursting,
and in your empty eyes – hunger.

And your house will be plundered and ruled by robbers,
the praise of god in their mouths and the glorification of nation –
and blood in their right hand.

לַעֲבֹד אֶת הַזָּהָב וּלְמַלֵּא לִבָּם הֶבֶל,
עַד לֹא יָדְעוּ עוֹד טוֹב מֵרָע
כַּצֹּאן עַל אֲבוּסָם.

אֲשֶׁר חִרְחֲרוּ מִלְחָמוֹת, וְאֶת בְּנֵיכֶם שָׁלְחוּ לָמוּת,
אֲשֶׁר נָגְשׂוּ בָּכֶם מַס – לַעֲבֹד לְמִחְיָתָם,
אֲשֶׁר שָׂנְאוּ אֶת הָאַחֵר הַיּוֹשֵׁב בְּקִרְבָּם,
אֲשֶׁר עַל לְשׁוֹנָם יַחֲלִיקוּ חֶסֶד
וּמְאוֹר פָּנִים עָטוּ עַל עֲווֹנָם,
טוֹבְלִים בְּטֹהַר כַּפֵּיהֶם
וְשֶׁרֶץ בְּלִבָּם.

2

אָמֵן אוֹמֵר אֲנִי לָכֶם, אָמֵן חֻרְבָּן וָדִין.
חֻרְבַּן יֶדְכֶם הוּא, דִּין לִבְּכֶם
אֲשֶׁר עַל נַפְשְׁכֶם חֲרַצְתֶּם,
אֲשֶׁר כָּל יוֹם חִכִּיתֶם לוֹ, וּבוֹא יָבוֹא:
מְעַט מְעַט עוֹלֶה הוּא
בַּחֲרַכִּים, בֵּין הַצְּלָלִים, בְּזָוִיּוֹת הָעַיִן וְסִדְקֵי הַלֵּב –
וְרֵאשִׁיתוֹ מִצְעָר
וְאַחֲרִיתוֹ שׁוֹאָה.

אָמֵן אוֹמֵר אֲנִי לָכֶם
אֲשֶׁר לְנַפְשְׁכֶם אֲמַרְתֶּם
כִּי יֵשׁ לְאֵל יֶדְכֶם לִהְיוֹת עוֹד,
לִנְתֹּץ אֶת סֶכֶר לְבַבְכֶם, לִזְרֹם –
וְלוּ בְּדָם.

Those who sold you to the land's richest men,
who made your children blind
to make them worship gold and fill their hearts with vanity,
until they couldn't tell right from wrong,
like sheep at their manger.

Who incited war, and sent your children to die,
who oppressed you with taxes – and made you work for their living,
who hate the other that dwells among them,
who fast-talk charity on their tongues
and wear their sins with cheerful smiles,
bathing their hands in purity
despite the vermin in their hearts.

2

Amen I say unto you,
amen to judgment and destruction.
For it is destruction by your hand, judgment by your heart,
that has ruled your soul,
that you've awaited daily and surely will come:
little by little it rises
through the slits, between shadows,
at the corners of the eye, and cracks of the heart –
its beginning is but a trifle
and its end – a holocaust.

Amen I say unto you,
who said to your own souls
that you still have the strength to be,
to smash the dam of your heart, to flow,
even if in blood.

אָמֵן אוֹמֵר אֲנִי לָכֶם,
אֲשֶׁר יֵעוֹר לֹא יִנָּגַע.
אֲשֶׁר אָמֵן יֹאמַר שׁוּב לְנַפְשׁוֹ,
אֲשֶׁר יִמְחֶה מֵעַל מִצְחוֹ
כָּל מִסְפָּר אֲשֶׁר נִתַּן בּוֹ
– זֶהוּת, אַשְׁרַאי, חֶלְקָה וְקֶבֶר –
הָיֹה יִהְיֶה לְאֵל יָדוֹ,
וְיִקָּרֵא שׁוּב שְׁמוֹ
אָדָם.

3

אָמֵן אוֹמֵר אֲנִי לָכֶם,
אֲנִי הַבַּיִת,
אֲנִי הַגּוּף וְהָעוֹלָם.
כִּי בְּרֵאשִׁית לְבַשְׁתֶּם בָּשָׂר,
וּדְבַרְכֶם לָבַשׁ עוֹלָם.
וְעַל בְּשַׂרְכֶם צִמַּחְתֶּם בֶּגֶד,
עַל הָאָרֶץ – בַּיִת,
וְאֶת הַגָּר בְּבֵיתְכֶם שְׁכַחְתֶּם
וִישַׁבְתֶּם חֹשֶׁךְ.

אָמֵן אוֹמֵר אֲנִי לָכֶם,
בַּל תֶּחֱשׁוּ:
גֹּלוּ אֶת הָאֶבֶן מֵעַל פִּיכֶם
וְדַבְּרוּ אֶת לִבְּכֶם בְּעוֹדֶנּוּ חַי.
כִּי כָל אֲשֶׁר מָעֲטָה רוּחוֹ
גַּם הַנּוֹתָר בּוֹ יִלָּקַח מִמֶּנּוּ,
וַאֲשֶׁר שָׁפְעָה רוּחוֹ
נָתוֹן עוֹד יִנָּתֵן לוֹ.

Amen I say unto you,
whoever wakes up will not be infected.
Whoever will say amen to his soul,
whoever will wipe from his forehead
any number put there –
identity, credit, grave –
will be able,
and he will again be named
Man.

3

Amen I say unto you,
I am the house,
I am body and world.
For in the beginning you wore flesh
and your flesh wore a world.
And you grew a garment on your flesh,
on the earth – a house,
and forgetting the one who lives in your house
you were left sitting in the dark.

Amen I say unto you,
don't be silent:
roll away the stone over your mouth
and speak your heart while it's still alive.
For whosever spirit is diminished
will lose what is left of it,
and he whose spirit abounds
will be given even more.

שִׁיר לְשָׁלוֹם

וְעֵת צִוּוּ עָלֵינוּ בִּלְשׁוֹנֵנוּ
לֹא יָדַעְנוּ עוֹד מָתַי
בָּאוּ הַבַּרְבָּרִים.

שָׁלוֹם לָךְ אֶרֶץ יְשִׁימוֹן וּבִצָּה
שֶׁיָּמֶיהָ חִדַּשְׁנוּ כְּקֶדֶם,
שָׁלוֹם מְכוֹרַת גְּאֻלָּה וְחֶמְדָּה
בָּהּ דְּרוֹר שָׁאֲפָה כָּל הַנֶּפֶשׁ.

שָׁלוֹם לָךְ תִּקְוַת שָׁלוֹם וְשִׁוְיוֹן,
אַרְצָם שֶׁל בְּנֵי הַחוֹרִין;
שָׁלוֹם אֲדָמָה שֶׁהָיְתָה כְּחָזוֹן
מְקֻדֶּשֶׁת בְּתֹם נְעוּרִים.

שָׁלוֹם לָךְ מוֹלֶדֶת יְפֵי הַבְּלוֹרִית,
חֲלוֹם שֶׁל רֵעוּת וְשֶׁל דָּם.
שָׁלוֹם לָךְ אַרְצֵנוּ, וְתוֹדָה כִּי הָיִית
בְּטֶרֶם הָפַכְתְּ לְאַרְצָם.

Goodbye Poem

> And when they commanded us in our own tongue
> we no longer knew when
> the Barbarians came to us.
> – "The Barbarians: Round Two," Amir Or

Goodbye, land of desert and mire
whose days we renewed as of old,
goodbye, homeland of redemption and beauty
where the entire soul strove for freedom.

Goodbye, hope for peace and equality,
the country of free people;
Goodbye, land as vision
sanctified by innocent youth.

Goodbye, homeland of statuesque heroes,
a dream of solidarity and blood.
Goodbye, country, and thank you for existing
before becoming *their* country.

בזכרנו

אֵי נִמְצָא, אַחִים, שַׁלְוָה וְשָׁלוֹם?
אֵיךְ נִזְקֹף אֶת הָרֹאשׁ הַמֻּרְכָּן?
אֵיפֹה מְחָדָשׁ אוֹר חֵרוּת וְשִׁוְיוֹן
נַדְלִיק בַּלֵּב הָרֵיקָן?

אֵיפֹה נִמְצָא שׁוּב חֶמְלָה וַחֲלוֹם
לְכוֹנֵן לְנַפְשֵׁנוּ מִשְׁכָּן?
אֵי נָשִׁיר, אַחִים, אֶת שִׁירֵי צִיּוֹן?
אָנָה נֵלֵךְ מִכָּאן?

As We Remember

Brothers, where shall we find peace and serenity?
How to raise up our lowered heads?
Where shall we fire anew our empty hearts
with the light of freedom and equality?

Where shall we find again compassion and dreams
to establish an abode for our souls?
Where shall we sing, brothers, the songs of Zion?
Where from here shall we go?

מול שער החוק

כַּמָּה קַל לִשְׁכֹּחַ
אֵיךְ אָמַרְנוּ יְהִי, וְהָיָה.
אֵיךְ קָרָאנוּ לָאוֹר יוֹם
וְלֹא לַיְלָה,
לַשֶּׁקֶר רַע, וְלֹא טוֹב.

כַּמָּה קַל לִשְׁכֹּחַ
אֵיךְ הֵנַפְנוּ זֶה אֶל זֶה עִם שַׁחַר
עוֹלָמוֹת בְּהִירִים,
אֵיךְ פָּעֲמָה הַשִּׂמְחָה בְּחָזֵנוּ
בְּהֹלֶם אֶחָד.

מוּל שַׁעַר הַחֹק
כַּמָּה קַל לִשְׁכֹּחַ כַּמָּה קַל לִזְכֹּר.

Before the Law

(after Kafka)

How easy to forget
how we said *Let there be*, and *There was*.
How we called the light day,
not night,
the lie bad, not good.

How easy to forget
how we hoisted to each other at dawn
lucid worlds,
how happiness throbbed in our chests
a shared beat.

Before the law
how easy to forget how easy to remember.

שֶׁבַע שׁוּרוֹת לַזְּרִיחָה

וְאַף עַל פִּי כֵן הַחַיִּים, וְאַף עַל פִּי כֵן אַהֲבָה.
רָאֹה עוֹד נִרְאֶה אֶת שַׁעַר הַלֵּב
נִפְקָח אֶל עוֹלָם שֶׁל תִּקְוָה.
בִּשְׁבִילָיו שׁוּב נִפְסַע, עַל יָפְיוֹ נִתְפַּלֵּא
וְרוּחֵנוּ צְלוּלָה וּשְׁלֵוָה:
רָאֹה עוֹד נִרְאֶה אֶת הַבֹּקֶר עוֹלֶה,
אֶת זְרִיחַת הָאָדָם הַקְּרֵבָה.

Seven Lines To Sunrise

And despite it all – life; despite it all – love.
We'll indeed see the heart's gate
open to a world of hope.
In its paths we'll stride again, wondering at its beauty,
our spirits clear and peaceful:
we'll indeed see the rising morning,
the coming sunrise of Man.

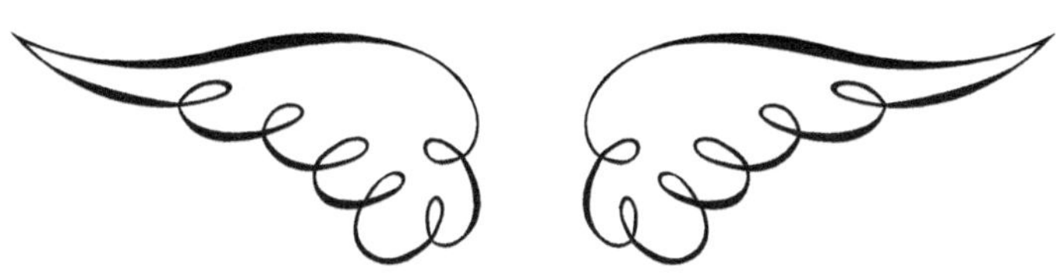

Appendix: Travelog

יומן מסע

עִם שַׁחַר בַּסִּמְטָה
הַמְנַקֶּה גּוֹרֵף
עֲרֵמוֹת שֶׁל אֶתְמוֹל

Daybreak in the alley
the streetcleaner is sweeping
heaps of yesterday

[Beijing]

חֵץ שֶׁל צִיּוּצִים
מֵעַל עֵץ הַצָּאֱלוֹן.
לְאָן, צִפֳּרִים?

An arrow of chirps
above the poinciana tree.
Where, birds, are you off to?

[Qatzir, Israel]

פְּנִימָה וְחוּצָה
נוֹשֵׁם הַלַּיְלָה
יָרֵחַ מָלֵא

Inhaling, exhaling,
a full moon,
the night is breathing

[Beijing]

פְּרִיחַת הַלִּבְנֶה
מְמַלֵּאת אֶת הָאֲוִיר
זִכְרוֹנוֹת שֶׁל מִישֶׁהוּ אַחֵר.

Linden blossom
fills the air
with memories of someone else.

[Cetnija, Serbia]

עַל גְּדַת הַנַּחַל
הָעֵץ טוֹבֵל צַמַּרְתּוֹ
בְּאֲגַם הַשָּׁמַיִם.

On the bank of the stream
the poplar dips its tip
into the lake of the sky.

[Beijing]

צָפָּה בַשָּׁמַיִם
מֵעַל עֲנָנִים
פִּסְגַּת נָנָדָה דֶּוִי

Floating in the sky
above the clouds
the peak of Nanda Devi

[Uttarakhan, India]

❋ *Nanda Devi* is the highest Indian Himalayan mountain.

עַל שְׂפַת הַמַּיִם
לוֹעֲסוֹת אֶת שַׁלְוָתָן
פָּרוֹת בָּאָחוּ.

On the bank of a stream
munching their peace
cows out to meadow

[Sagar Karasta, Jaipur, India]

Our Name is I: Amir Or & the Plurivocal Poetics of Love

In *Wings*, Amir Or's thirteenth book of poetry, he is principally concerned with the accidents of birth. Here is a secular humanist born by existential chance into Tel Aviv in 1956 and now asking, What does it mean to exist in time? How are we born into and through language(s)? How might place influence identity? And what are the limits of a single life?

Thus he writes in the third poem in the book, which is tellingly titled "Already Here:"

> Morning, and the world
> is already here;
> we've arrived together
> to the starting line,
> children of a moment,
> our name is I.

But what is the meaning of this *a priori* world, and how exactly do we emerge from it? More pointedly, who is this always already plural I?

Wings pivots upon such questions, engaging them not only as existential crises for contemplation, but also as sociopolitical truths lived actively each day. For, as Or writes in the poem "Tomorrow," "we have no I except the ones we are," emphasizing the urgency of our need to recognize the plurality of the self.

This is the core of Or's vision of existence, which is in turn the driving force of the book: *Wings* poetically unfurls a cosmology espousing that we are an intricate constellation of individuated plural subjects living in common in relation to time. Consequently, the poems in *Wings* are at their most powerful and enduring when the plural I questions time itself.

For example, in "Tomorrow," the plural I activates the past in the present, thereby disassembling conventional, fixed conceptions of temporality. This leads us to think more deeply about being, with poetic tropes configuring for us ways to contemplate presence in relation to mortality. As Or explains, "our hearts knew the truth of the dead: / all we will be already was."

The intent is neither to explore a macabre poetics of loss, nor to elicit a melancholic ethos of belatedness. To the contrary, *Wings* is a book of hope and love; Or is engaged in the crucial work of imagining more pacifistic, inclusive, and compassionate futures. And he pursues that possibility by poetically destabilizing divisions between temporalities, challenging us to rethink the past as active in the present, thereby transforming the grounds for our "tomorrows."

Or begins such work aesthetically, orchestrating sensory experience as the medium for connecting readers to this shared project of creating futures. As he explains, "our eyes [must] remain open / to see what the tomorrow we strive for will bring," and this leads us to understand how, paradoxically, "[w]e hunger for sights we're yet to see." Like this *Wings* engages us corporeally in the interconnected, collective activity of reconsidering time through collaborative imagination.

In a sense, then, the genius of *Wings* lies in its ability to compel us to reconceive human existence by unhinging time. Like Hamlet, Or reflects on how "time is out of joint," with the past loosed into the present and thereby impacting the future. But unlike Hamlet's dark, phantasmagoric fatalism, Or's cosmovision is threaded with the brilliant light of willed hope, which we *feel*.

Through this affective poetics, Or artfully exposes and disorders time within and between us, exciting us to imagine with him new ways of understanding shared experience. Perhaps most importantly, he undertakes this so as to push us to realize more harmonious ways of coinhabiting the planet.

This is why Or interrogates the cosmic accident of coming into being, and it begins immediately in *Wings*, with the first major cycle of poems in the book, titled "Morning Poems." This cluster of poems expresses awe at the mystery of the emergence of life from nothingness. For example, in the poem "Dawn," Or writes metaphorically of the emergence of his consciousness from oblivion as the moment when his "window-sky awoke." And he continues such rumination on emergence throughout the cycle.

He also extends his theorizations of presence beyond the human to construct a more comprehensive phenomenology of being. Like Heidegger, Or reworks our very conception of being in relation to time, seeing the ways in which "[f]rom the night / leaves stretch forth / to emerge into blustery dawn" as an portal to insights into processes of emergence.

All the while, too, his rigorous reckoning of being reveals fractal logics of patterned multiplicity in each individuated presence. For example, in the poem "Face" he interlaces these beings to demonstrate their layered interrelation, including the symbiotic correspondence between the plural I and the natural world.

> Silently a cool breeze strokes my skin
> the light of dawn lies gently on the leaves
> a world, slowly, is opening its limbs
> everywhere my face reveals itself again.

This is the incarnation of Or's cosmology in his face, which concomitantly embodies, connects him to, and individuates him from the plurality of being that comprises the extant universe. That is, his face is the locus of the material "everywhere," and it represents both the agency of the poet in revelation, and the power of the sensory stimuli of the world to make the poet.

Furthermore, the poetry emphasizes how these intricate creation stories are processed through language. Consciousness emerges in its articulation, and what it elucidates is the "everywhere" of being. In this manner *Wings* works like the Book of Genesis, naming worlds into existence. But *Wings* goes further. Unlike Genesis, it interrogates the anthropocentricity of human inquiries into the great mysteries of existence.

More precisely, throughout *Wings* Or examines both the possibilities and the limits of anthropocentric conceptions of life. Where the emergence of presence from nothingness is a beauteous mystery to behold, it also exceeds human apprehension. Our minds are constrained by our mortal, animal specificities.

This is the importance of Or's intimation in a poem like "Gray," for example, that "[a] hand holds a pen, the eye what can be seen. / Slowly the day opens into being." Likewise in "Don't Ask," he explains that "[t]he shape of things is the shape of the eye." Lived truth is expressed through the body, but the body is also the fundamental constraint on our understanding, which is abbreviated by our limited sensory, linguistic, and imaginative capacities.

In other words *Wings* inspires us to grapple with how our humanity both helps and hinders us in any considerations of being; "only the heart blurs the boundary / between what is and is not." And such an insight could in fact be understood as the very organizing principle of *Wings*. It certainly drives the first major cycle of the book and links it to the second one, titled "The Journey (A Diary)."

In "The Journey (A Diary)" Or extends his intimate ontological reflections in "Morning Poems" by mobilizing the plural I, with travel becoming his preferred metaphor for thinking of disjointed time in relation to world-making. Consequently, "The Journey" is a more social cycle than its antecedent. It continues to emphasize agency born of creative activity as in "Morning Poems," but now the poet's action is in the service of striving always for harmonious modes of interconnecting individuated human experience.

This leads Or to suggest that if we desire a more kind, inclusive, and egalitarian world, then it is up to us—the readers, the citizens, the plural-I's comprising the many overlapping communities constituting our world—to enact them. And we read this in the poem "Chased," for example, through which Or encourages us to discover the influence of the past in the present via a realization of how the plural-I's of then inundate and course through the plural-I's of now.

Moreover, the poem illustrates how our ability to harness those transhistorical layers of plurality is the fundamental skill for beginning to create alternative futures: "[i]n your flesh you've learned from them how to control / yourself, loved ones, enemies – everyone." Through a recognition of the potential to open the individuated flesh of the self to the simultaneous multiplicity of publics past and present, we each can gain insight into how we interrelate, and this in turn will help us to conceive new modes of interrelationship for more harmonious futures.

Or explains as much in the poem "Friday." There he addresses the reader directly in the second-person singular, writing that if you can come to recognize how "[y]ou're walking, seemingly alone, / though over your shoulder / a stubborn crowd follows," then you might begin to be able to imagine life beyond the simple binaries of past–present and self–other, which have wrought so much violence across human history.

Against such violence, Or introduces the third major cycle in the book, "Prayer Poems," which asks us again to look deeply inward. But unlike the delighted ontological awe of "Morning Poems," and the delicate social concerns of "The Journey," these poems pivot upon deeply private introspection, with Or struggling in earnest first-person poems with spiritual despair over existence.

In a particularly plangent moment of agonistic abandon, Or beseeches the ever absent godhead to manifest itself finally: "Before you, the God who invents himself, / my prayer implores you: Be!"

Yet Or already has shown us that existence is plurality; being is being plural, whether the plural I of the self or the plural temporalities constituting the present. As a result Or's contemplation of presence throughout this cycle invokes various figurations of not only revelation, but also sacrifice.

Or even goes so far in the "Prayer Poems" as to offer up his very body to the "Artist of Existence" as *prima materia* for a new world-to-come. To evoke this in the poem "4," for example, he reverts to a literary metaphor from the "Morning Poems," but it is transfigured with a sacrificial abandon, implying a willingness to be instrumentalized and used up in selfless service to others: "Take me in your hand like a beloved pen."

It bears mention, too, that even at his most despairing, Or permeates this cycle and the book with the imminence of love. It is the poet's calling, the reader's calling, and every godhead's calling to exude it, and accordingly Or charges us through his poetry to love against absence, loss, insecurity, selfishness, and betrayal.

In short, we are charged with loving against the violence of time itself. This is why Or cries out in the third poem in "Prayer Poems" on behalf of mortal lives:

> Help me, O Great Whole,
> to forget past injuries;
> let me once again trust
> my love for the world.

Such are the stakes of poetry for the plural I. Our salvation lies not in seeking to be loved, says Or, but in learning to love, and thus returning to flight from any aggrieving misfortune.

From the intense ontological intimacy and fervor of the "Prayer Poems," Or opens the book outward again with the next major cycle, "The Pantheon." It comprises a public examination of our relation to that "Great Whole," asking how we might conceive it, even as its totality always already escapes our human, and therefore inadequate and limited, capacity to apprehend it.

With that focus, Or interrogates a transcultural and transhistorical selection of godheads, hailing from Ancient Greece, Judea, and Christendom. In the poem "Hermes," for example, Or has the messenger god and conductor of souls wonder anxiously of existence, "what's the point in all this? When / will I finally deliver myself to me?" Likewise, through "Aphrodite," another persona poem in the cycle, Or interrogates corporeality by having her ask ruefully, "I've harnessed souls to plow flesh; / and for what?"

Or adds himself, his plural I, to this chorus of deep uncertainty about the meaning of ontotheological myth-making, and asks of his own cherished work as scribe, "how shall I harness words to spirit?" And this makes "The Pantheon" an especially evocative for its ability to expose the dangers of essentialist interpretations of the self and any conceptions of divinity positing fixed and absolute meanings in frozen time.

From those theosophical allegories, Or plunges into a much more quotidian register with the next major cycle, "Mr. Man." Therein he pillories the quotidian muck of bureaucratic life by illuminating the social and civic tribulations of a bumbling male protagonist, the eponymous Mr. Man. We follow him through his days as vacuous functionary, with poem after poem about him exposing the foibles of diurnal toil in a hypercapitalist world.

However seemingly unadventurous the subject, these are bleak and biting poems about personal confliction, which Mr. Man exemplifies in his daily struggle to endure the violent pressure to conform to simplistic social expectations such that: "[h]e would [simultaneously] burn down the office if he could; / [*and*] his lips wish everyone good day."

In a later poem, Mr. Man even concedes to being "alive only in name." Worse, in yet another, we learn that each night his existential despair is so profound as to drive him to excessive drinking, such that "[a]fter a glass or ten, he no longer [even] remembered / his name, and what he would get up for tomorrow." Mr. Man is paralyzed by the futility of his life in relation to the splendorous potential of being.

It might seem inevitable, then, that the final major cycle of poems in *Wings* is titled "Poems of Reckoning." From many purchases in the preceding cycles, Or has inculpated the self, the plural I, in structures of inherited violence and all of the historicity that they entail. For only in this way, through this exacting reckoning, can we begin to rebuild the self, meaning to rebuild our interconnected communities, and consequently our shared future.

Where Or looks backward in the opening poem of the cycle and confides that "[m]y eyes are too weak from crying to see," he moves from an initial, personal sorrow to an invitation to each of us to join him and struggle to see. Here he is entreating us to recognize and re-envision our shared responsibility to strive through love to combat suffering, selfishness, and cruelty.

This is encapsulated in his critique of presentism in the cycle when he writes:

> don't say: it's not our hand that caused this outrage,
> not our mouths that comprised the shouting crowd;
> not our hand that brandished the whip and steel –
> we only watched in silence from the upper galleries.
>
> For silence is slime that seals the soul –
> if your hearts won't cry out, the stones will:
> when a house collapses, it falls on all of us –
> a cry in every mouth, and blood on every soul.
>
> What tomorrow have you left, parent to child?

In other words, Or urges us to act; the plural I is action; the self must speak up and out plurivocally and transhistorically, and just as crucially, we must *listen* as actively as possible to one another. Hence the interrogative, for example, however seemingly rhetorical.

This poetic attention to the demanding work of trying to hear and contemplate difference in all of its complexity is in fact a key promise of *Wings*. It offers itself as a forum for such exacting exchange in the service of self-scrutiny, which is always already public and plural. Furthermore, *Wings* celebrates the courage, tenacity, and creativity necessary to such labor. For without it, we cannot endeavor to transform our lived conditions and experiences.

Put differently, we are condemned to suffering and hopelessness without a meticulous reckoning of the importance of disjointed time and its impact on the very possibilities of being. This is why Or asks in the poem "As We Remember:"

> … where shall we find peace and serenity?
> How to raise up our lowered heads?
> Where shall we fire anew our empty hearts
> with the light of freedom and equality?
>
> Where shall we find again compassion and dreams
> to establish an abode for our souls?

In response to such central questions to human existence, Or repairs to his aforementioned ethos of love, as in the penultimate poem in the book, "Seven Lines to Sunrise:"

> … despite it all – life; despite it all – love.
> We'll indeed see the heart's gate
> open to a world of hope.
> In its paths we'll stride again, wondering at its beauty,
> our spirits clear and peaceful:
> we'll indeed see the rising morning.

Here, besides the uplifting vision of a world of love coursing interpersonal paths, we cannot help but recognize yet another invocation of the plural I. It leads us outward from our individuated, if interconnected, hearts to the open world of hope, where we will discover ways to be and to be in common.

This is how love will lead us to converge on and emerge from the rising morning together. This is why Or suggests that our shared future depends on our ability to embrace the paradoxical plurality of the self. It leads us inward to greater understanding of the heterogeneity of the I, and outward to engage it in others, with whom we can together open spaces for love to bind us into new networks of hope and possibility.

Or reminds us of this splendorous potentiality in the poem "To Your Soul," for example, where he explains that "[a]t the door to your world the hive gathers," and that "the entire nation of the I [is] assembled at your gate."

He is inviting us to dare to pass through that gate and take flight with the hive towards new modes of being. This is the urgency and exhortation of *Wings*, which implores each of us to "[b]e everything! Burn with every desire, / every love, liberty, and adventure!"

For if able to "spread your wings, dear one, and look / around you at this beloved world," then you'll discover yourself epiphanically crying out from new and insightful multi-perspectival trajectories, singing out like Or "[e]verything I meet here is welcome."

This reorientation to being will in turn lead us to more compassionate, pacifistic, and egalitarian futures. Such is the occasion and mode of our connection through *Wings*, wherein Or's very motivation is finally to share the love that binds us in being, and all of the attendant hope that comes with it:

> I can't be silent;
> don't beg it stop
> even if a storm
> from my strings erupts;
> it's because of you, friends,
> because of my love,
> and because of yours.

—Seth Michelson

An Invitation to Think and Feel For Yourself

Interview with Amir Or in the weekly *Vreme* ("Time"), Belgrade 2017, by Nevena Milojević

VREME: *Could you tell me more about this very suggestive title "Wings"? Does it mean that poetry can fly above life? That it is capable of everything, or you have had something else on your mind?*

AMIR OR: Well... "Everything" is a big word, but poetry is indeed capable of a lot more than we normally assume. Sometimes poetry is a kind of a lab examining reality. My belief is that we first of all create our reality mentally, and that's how it contain meaning for us. If you think about it, everything we experience is first and foremost mental: our senses, thoughts, emotions, mental images, memories, etc. So in an important sense poetry is such a creation. To me, poetry is also philosophy. It deals with what happens in this century, what happens between people, and what happens with meaning and life. But poetry doesn't exclude feelings, memories, associations, and the like. Usually, in modern western culture, philosophy is our sacred, traditional agent of wisdom, but in fact philosophy is too slow and too clumsy a method to deal with that electricity of thought; just slow heavy words. Except some philosophers who had poetic qualities, like Plato, or Nietzsche, who could create a language capable of it. Poetry can take the words and play with them, can try to define, can agree and disagree, can shake them, throw them at the wall, listen to them, touch with them, and more. Poetry can deal with that electricity of thought, can do all these things in the speed of light, in the flush of a moment. And the scope of poetry is as large as language itself, because the subject of poetry is life: every facet, every course and every mood of it. Poetry can think and feel, can explore, imagine, create new ideas, share insights, or just watch, but it never does any of these by avoiding emotions and life.

VREME: *Philosophy is often an abstraction, whereas your poetry is connected with topic of love too, isn't it?*

AMIR OR: That is exactly my point. In human experience ideas, emotions, and images are not really separate. When you have a certain philosophical intuition about the world, it is not separate from your emotional structure, from how you feel about the world and how you experience it. The idea of separation is the first harm we do to ourselves, and it is deeply rooted in western tradition. In *Wings* I try to connect with my whole self – with the old and the new, with my imagination, creativity, emotions and understanding – and this way with the whole self of my readers too. It is this dialogue, our dialogue with the world, that creates meaning in our lives. We know what it is: it is within our experience. I actually feel like I am reminding the reader of something he knows even if he forgot, something which is already there, deep inside, rather than telling him something new.

VREME: *Is it possible that some of that experience which is full of diversity can face the discord in the present world, perhaps in Israel? I heard you were involved with a poetry movement in the 90s that dealt with problems your country had back then. Do you think poetry could help with this?*

AMIR OR: Yes, poetry can be a great help if a society allows itself to be helped by it. In modern civilization poetry is often intentionally suppressed. And why? – because poetry is inviting people to think and feel and experience for themselves. But as far as power politics is concerned, this quality of poetry goes against the grain. Any regime would rather have its people watch soap operas on TV, play computer games, distract themselves in any possible way, and then, every four years, go to vote. Poetry has been a traditional threat to power structures, whether it was the church or the Soviet Union... And this hasn't changed much. What a true democracy would do is just the opposite: providing the people with proper education to use this tool, to understand and use the language of poetry and art in general.

VREME: *In that sense, could poetry be an escape to another world, a world of freedom, or is it possible to change the present situation step by step by using poetry?*

AMIR OR: If someone wants to escape, he can escape through anything. But the quality of poetry is not that of escape; even the most minor poet who writes, for example, about a flower, it is creating something that has never existed before. Even he is a rebel, because the very act of creation and sharing it is dangerous for any political control. Poetry creates for the individual a totally personal place that nobody can enter. And unless censored and banned, this place of freedom is available for anybody to experience. In many situations, you have to go against your training and education to see that it is there, that you can also create your reality. This is where poetry leads. To the place where thoughts can be materialised.

VREME: *I've got the impression that in your poems you are avoiding any traditional limitations which come from an identity, and that your lyrical voice does not have any national or historical mark, only traces of ancient cultures or stories that stayed in human collective unconsciousness.*

AMIR OR: I do refer to the modern world though, and there is plenty of it in my poetry for a good reason: I live in it. But true, I can live in parallel times, I can live in ancient history at the same time I live here. Time is kind of a fluid thing and time as such is one of the materials of my work. In my poetry I am striving for what is universally human. It is not that I don't react to "mundane reality" – everyday life or politics for example. I do, as you can read in *Wings*. The point is that I never write the poem I know: on the contrary – I write only the poem I don't know. This new experience of writing brings me again and again to places I have never been to. And in response to this new experience my style may change too, because a new content requires a new way of expression. If you want to stay mentally alive you can't allow yourself to be stuck in your own past, however glorious or traumatic it may have been. Sometimes the lines of my poem are long, sometimes short. Sometimes it's free verse, and sometimes rhymed and metered. And it all depends on the content. I learned it from my own limitations. In the past there were things

I couldn't find a way to express, only because I was trying to write everything in a certain style. Once I let go of it, I could find new ways that contained whatever I wanted to say. So I don't know how I write any more; it depends what I need to say.

VREME: *And what do you need to say now, what do you write about?*

AMIR OR: Right now I'm writing a long cycle about my childhood. And why? I don't know. It came out of the blue, or actually from the depths of my psyche. An unfinished business that presented itself in the light of my awareness. I'm just leaving my mental door open, and you never know what will come in.

VREME: *Do you have a need to explain to yourself why you write about certain things, or you just explain it using your poems?*

AMIR OR: Poems can do many things. Before I write, I experience. Poems can shift you to another time, to another place – not like in a memory, but more like a reality, as if you are really there with all your senses. You don't try to remember, but rather go back in time in your mind, and you're just there, you can smell the smells once more, you can listen, watch. Poems do that. They work like a suggestion for the writer, and then for the reader too. By writing a poem, I am opening these doors for you, and if you wish you can enter and be the poem's reality too. So writing is first of all a creation of a new reality. And even if I restore a past experience it is happening now, in a new present.

But why do it at all? I think a poem starts from some kind of disturbance, something in you strives to be acknowledged and understood, strives for clarity, for a solution. Such a solution is not necessarily an explanation. Sometimes it's an emotion. It can be a forgiveness, a catharsis or an insight. It is a mental process you initiate and allow, but you cannot control it. You can write lines in rhyme and meter, that much you can choose to do, but you cannot control the flow. And writing a poem does not start with a rhyme or a metaphor; these can serve as a trigger at times, but first of all you need this mental flow. And you have to take responsibility for it, so that it doesn't turn into a mental chaos; you need to take it in and make yourself a container for the emerging poem. Only then will you learn something new. Only then you are up to the adventure.

VREME: *Then you must have an exciting life. I've heard you travel a lot. Is that adventure, searching – finding, or escaping?*

AMIR OR: Traveling with my poetry can be a quite demanding endeavour. Sometimes I find myself in three continents in one month. But the dialogue with my readers is important for me.

And sometimes traveling leads me to what I need to write at the moment. For example, in the second part of *Wings* there are poems about the situation in my country, Israel. However, most of them were not written in Israel. In order to write them I needed a distance and a space. In one case I was in Athens working with a colleague on translating my poetry into Greek. Every morning I used to go jogging. And one day, after I was jogging for a while, a poem started coming to me. I had no pen and paper, and no cell phone, so I tried to remember the lines. After a while my head was bursting with them, full to the brim, and I rushed back to get a notebook... The next day I was jogging with a little notebook, and sure enough the second part of the long poem titled "The Madman Prophecy" came to me. On the third morning jogging, the third part appeared in my mind. Curiously enough, it was distant Athens that gave me the space and tranquility to write about Israel, but on the other hand this couldn't have happened without the accumulating "disturbance" and the creative tension it has developed in me. These mixture of mental space and creative tension is what allows the poem to come in. So, sometimes when you change a place, you also change a mental environment, tensions are released, you get out of your mental habits, and something new can happen.

VREME: *Or something old comes through in a different way.*

AMIR OR: Yes, in a different way.

VREME: *You said you struggle to find what is universal in humankind. I was impressed by how in many of your poems you can find something like a myth or taken from a myth side by side with something very personal taken from the modern world. It's the discord I enjoyed the most in your poems. It's impressive how you can make something new from stories familiar from the past. Do these stories still have power like in ancient times to explain the world, and could they do that to the reality we experience today?*

AMIR OR: Yes and no... On the one hand, in the past such myths were part of ritual, and people invested much more than today into them. But on the other hand, they were also bound by ritual, and the relevance of myths to seemingly mundane situations and conditions couldn't so easily be seen. However myths were used in poetry as archetypal models in the ancient world too. As such they can become even more meaningful nowadays, because even now they are part of the Western psyche, and more flexibly so. If we shift just a little, we can easily see how myths are models that keep on happening in our lives. In that sense they are pregnant with fresh meaning even today.

VREME: *What is your understanding of time? Is time a circle that is always repetitive, and that is the way we have some stories that always come back?*

AMIR OR: I think time exists only in our consciousness. It's the effect of our limited perceptions and conceptions. Imagine you walk on the road and you see a beautiful tree. Then you pass that tree and you go your way. Maybe you don't think about that tree anymore, but that doesn't mean that it doesn't exist. Of course it does. Once you passed that tree, it disappeared from your sight, but you don't think it's not there anymore. You know you can go back there and find the tree standing where you left it, intact. But this is not the case when it comes to perceiving time. In that dimension our perception is like watching cars pass by through a keyhole. You go through this morning, you pass it to noon time, and then, because you can't return there, you assume it disappeared forever.

VREME: *Are you saying that we create time mentally as we create reality, and as you create poems? Are you opening the door for us?*

AMIR OR: I try, and first of all for myself. But then poetry is a dialogue, and that's where you come in. Poetry is not really an art if written for poetry's sake, "L'art pour l'art"; this is nonsense for me. Poetry for poetry's sake is a tautology, and what it actually means is poetry for self-satisfaction. And self-satisfaction is good, but it is not enough. Poetry means talking with somebody, a dialogue. And it's a two-way communication line, because every reader answers me. Obviously not by sending e-mails and letters in response, but by bringing her or his own life into the poem. For example let's say I wrote *"A leaf fell down on the earth; I too am lying so on my back."* Now, I and this leaf share the same fate, but the reader too will identify with the leaf: one may think about her divorce, another – how he lost his job. As a reader you bring your own life in and it fills the image with meaning and emotional content. Nobody, not even the writer, can know what experience each of his readers may bring to the poem. The options are endless. This way poetry has its own life, and this way it multiplies. Images work differently on different readers: they go from my life into the page and on into other lives.

VREME: *Are you afraid of that sometimes? It is some kind of power.*

AMIR OR: It's a power of sharing, though. I do it with happiness.

VREME: *When it comes to happiness, your "Creature's Song" disturbs me. I felt it is about loneliness and tiredness. I've got the impression we are a bit tired of being human.*

AMIR OR: When I say I am happy to share, that doesn't mean I share only happiness. True, this poem is dark. It says you exist and there is no way out of that. This was the perspective that shaped the mood of that poem.

VREME: *I got the impression we are trapped in the circle of life that just uses us, while life itself is going through us and leaving us behind.*

AMIR OR: Yes, that is a kind of a vicious circle. There is also the issue of alienation in this poem: we come to life to really touch each other and not just to be instruments of preserving human life. Maybe we will always feel separate to a certain extent. However *"Creature's Song"* is also a part of a long cycle in *Wings* that doesn't end with this perspective. It is a stage in a quest. And this quest is a long journey to personal liberation, to be free from this sort of limiting mental existence. This journey doesn't end in this poem but goes a long way to reach a totally different mental state. You have to go through your beliefs, pains and inhibitions, through your oppressive psychological stuff, through all that society has put in you. And if you go through the stages of this cycle you reach a new perspective, although it may not bring you flowers and butterflies... *(laugh)*

VREME: *It could be good from time to time.*

AMIR OR: Yes, it could, but you have to earn it by real work, otherwise, it won't be real. You know, we can always touch these flowers and butterflies because we do have some memories of butterflies and flowers, but then they escape us. Only if we walk this path to the end we can really see them, we can reach to feeling the joy of being.

VREME: *I also connected this poem with "Prayer Poems," I have got the impression that here we are praying for the faith we used to have. Maybe it is a prayer for love of life.*

AMIR OR: Yes, these are prayers for our love of life, our love of being here. Praying for self-feeling, for returning to the place where we loved the world, where we loved life and loved people. Often people long to be loved, but healing ourselves is not about being loved: what we lost is the ability to love. Being loved is just a by product of this lost grace. Once you regain your full capacity of loving, you are naturally loved too.

VREME: I understand that sometimes it's hard to love humanity, it's hard to be able to be connected to humanity.

AMIR OR: True, and sometimes it's hard to love your own life too, or the people that are close to you. We get tired along the way, exhausted, and that is why we need to do some process of cleansing, to be free from the hurts we accumulated. Not because some people don't deserve our hard feelings towards them, but because we don't deserve to harbor such feelings in ourselves. Because *we* suffer from them. As to loving humanity, "humanity" doesn't exist in our lives, it's an abstraction – only people we meet exist. Life is concrete, poetry is concrete. You don't generalize if you want to touch your life and others in a poem. You don't talk about abstractions. And why? Because our lives are not abstract. We live in concrete situations, with which we have to deal every day. An effective poem tries to bring to our mind's eye such concrete situations. It's not just an idea, but rather a kind of suggestion, a new frame of thinking in which we can create real life.

VREME: *But how to avoid what is banal?*

AMIR OR: I talked before about poetry for self-satisfaction vs. poetry for dialogue. But what is a good dialogue in a poem? The actual polarities in a writer's work are about the way he chooses to communicate to his readers. On the one hand, you try to do it in your unique way, to be faithful to yourself. Your individualistic perspective and expression carry the special artistic value of your writing. On the other hand, you want to say something to somebody. You try to convey a message. The individualistic expression pole pushes you to perfectionism, and if taken to the extreme – to private language and idiosyncrasies. You may make the dialogue very difficult, or impossible. On the opposite side there's the pole of communication, of conveying your message in the most effective way. If you go for this pole only, you may end up saying the obvious, being redundant and banal. If I paint a tiger, and depict his full image, you get it all packed and ready, you don't have to contribute to it anything at all; but if I paint just the head and a paw you are automatically invited to participate, to complete it. Then we are in a dialogue, and that is how the picture does something to you. So, between these two poles lies the creative tension in any work of art. The true challenge in the process of artistic creation is neither how uniquely individualistically you did it, nor how clear and communicative you were – but both. Your challenge is to compromise as little as possible on individuality while still keeping your poem communicative.

VREME: *You need to communicate, and still to be fair to yourself.*

AMIR OR: Exactly. You need to be faithful to yourself but never at the cost of your dialogue. If you cross this boundary, you are losing the purpose for which art is done in the first place.

VREME: *Do we have enough dialogue in modern society, outside from poetry and art?*

AMIR OR: We have plenty of dialogue, but the question is how much of a meaningful dialogue do we have? And this inquiry takes us back to the question of meaning of life at large. People go through so much effort to survive and so much trivia, that they are bombarded with distractions. Where is the meaning? What is it? For a meaningful dialogue you have to first of all find meaning: The thoughts, the feelings, the experiences that are meaningful for you. You have to track and stalk meaning. The sun may be shining but you don't even pay attention. Your lover may give you a flower, but its fragrance and purity escapes you. So sometimes we have to bring ourselves back to finding meaning, to find our own presence. For most of the time we are not present, we are on guard, surviving. So to have a meaningful dialogue you have to have a meaningful self. And this is the existential job each of us needs to do for his own sake.

VREME: *Previously when we were talking about creating a reality in many ways, I was reminded how I loved the cycle "The Maze" in your book* The Museum of Time. *I was impressed how you combined storytelling with poetic expression. It is not that common in poetry, to feel so precisely the poem, but then again to have place in it for my own thoughts. Sometimes poets are afraid of storytelling. They are avoiding giving us the story beyond some feeling.*

AMIR OR: The story has to be created or founded on something for the writer to do that. In case a poet knows how to tell a story, but refrains from it, often that reluctance has to do with the poet's idea about "style." In principal, a writer should not be afraid of anything. It's like when children are playing they are not afraid of the consequences. They don't ponder what will happen with this plate if I put it here, or if I put it there. They just do it, without knowing if it's right or not. Likewise, this is how you find what is meaningful for you. And if, like in this case, it leads you to a fantasy parable, it's perfectly okay.

The images of that story-poem just came to my mind – why argue with them? Before any judgement, I'd rather write it all down. By putting these image on paper I also understand them better. They have their own logic, although this is not the kind of logic you can show in formulae. Often you write a fantastic story that maybe exemplify your own life or human life at large, but only when it is written down is it clearly seen.

VREME: *I read in your biography that you have done many jobs, and it is stated that poets need to live more than one life. What would you be in your next life and would you avoid being a poet?*

AMIR OR: Well, I think I have already lived many lives, maybe too many *(laugh)*. You see these connections when you go to other places and you think, "Oh, I have been here before". I had this kind of feeling in Greece for example, that I had been there before, and not once. To write about something is to be that something. If I write about a tree, I feel that tree as if I'm inside its bark – its weight and posture, the wind, the rustling leaves, the roots in the earth – I feel it in my body. And of course, to be a tree is very nice, but it goes for whatever you write about. If I write about a Nazi officer telling about his good days in Auschwitz, I have to feel him too, I need to go to demonic parts in my psyche. And it is not nice to be inside such a sick and evil mind. But that Nazi mind is not a mind of an alien or a demon. It is a human mind, a human option. And as such it exists in all of us, although we don't choose it. However, to acknowledge this as a human option is crucial. Otherwise if you don't accept it consciously it will lurk in the dark, in your unconscious mind, and wait for its opportunity. So as a human being and surely as a poet I must say "nothing human is alien to me." You can be anything in this life whether you act through these alternative existences or not. I can't even start to describe the richness of possibilities that being alive offers. You don't need many lives. In this life you can be anything. Just go into it, and be it.

VREME: *Can you connect with ancient moments in yourself, like that moment in Greece?*

AMIR OR: Obviously it made me very curious to see what is there, who is there. And peeping behind this mental curtain is indeed rewarding. But however exotic it sounds, in fact going into it is in no way more exotic than exploring this very moment of your life, right here. In fact only if you can be here, can you also be there.

VREME: *But if it is like that, why would you prefer this moment now?*

AMIR OR: It's a question of focus. Your self, your consciousness, is like your own republic. There are all kinds of people in this republic, all kinds of personae... Some are not even genuinely yours.

VREME: *I remember your verse: "The republic of the I."*

AMIR OR: In your republic you can focus on whatever you need for your life, but to master such a command on your psyche requires a strong motivation and devotion. There are so many voices and entities in what one calls "my self." In different situations, with different people, in different times, we are not the same person. And it is fine, we don't see any threat or problem in it. We actually take it for granted, and at times even count on it. With the same ease we can flow from one experience to another, experiences that we would think about as external; but nothing is external. All experience is internal.

VREME: *Then, why people choose the easier solution, choose to be what one is expected to be?*

AMIR OR: Throughout history people who run the scene exploited this state of affairs. And to exploit it society must make you functional to this end. As far as regimes are concerned you are here only to be productive and consume, not to think and feel, not to use your imagination and creativity, for this is dangerous. That's why they encourage you to all sorts of distractions. Watch soap operas, play computer games, chat on trashy talks in Facebook, etc., and go to vote every four years. Poetry, however, is a rebellion against this robotic existence. Poetry is an invitation to think and feel for yourself.

Regimes tame you from childhood to be a docile working citizen, not only through distraction and greed, but also by fear, and by making you feel guilty of what you are. This game of identities and survival is ancient.

VREME: *Are the conflicts in your country or in mine part of that game, that we perform differently in different times?*

AMIR OR: Definitely. One way to exploit this identities game is to divide society into two or several groups that identify themselves as such by excluding, delegitimizing or fighting other groups. Seeing each other as an enemy, they are busy defending their identities, and forget the common good, and even their own welfare. Otherwise, our national or religious problems are not that complicated. After all, we are all here together, and it's obvious that live and let live is the sensible thing to do. But without a problem, without these survival fears, you can't control people that easily. So regimes are too often invested in such conflicts, and they can make it so complex that it may take generations to solve it. We don't need this. Of course, you can't solve it alone. You can't start with pacifying the enmity of nations. But perhaps you can do something for your tribe, your neighborhood, or even your own family. The same goes for our own selves. Can we deal with our own mind? Don't we do the same in relation to others?

VREME: *Why would we need others?*

AMIR OR: In our reduced state we need others to measure ourselves. But if you know who you are, you don't do that. You say "Oh others, how interesting! It's good you came. Let's play!" *(laugh)*

Amir Or is a leading Israeli poet, novelist and essayist. He is the recipient of numerous Israeli and international poetry awards, including the Pleiades Tribute of the Struga Poetry Festival for having made "a significant contribution to modern world poetry," the Fulbright Award for Writers, the Bernstein Prize, the Levi Eshkol Prime Minister's Poetry Prize, the Oeneumi Literary Prize of the Tetovo Poetry Festival, the Struga Wine Poetry Prize, the Stefan Mitrov Ljubiša International Award from The Budva City Theater, the European Atlas of Lyrics Prize, and the World Through Poetry Award of the Blue Met Montreal "for the exceptional depth and quality of his poetry." He also has been awarded prestigious fellowships from the University of Iowa, the Jewish-Hebrew Centre of the University of Oxford, Fondación Valparaiso Spain, Hawthornden Castle Scotland, and the Irish Heinrich Böll Foundation, among others. His poetry has been translated into more than forty-five languages, and he has given readings and lectures in dozens of festivals and conferences worldwide. *Wings* comprises his first full-length volume in U.S. English. He lives in Tel Aviv, where he founded the Sha'ar International Poetry Festival and served as its Artistic Director. He is also a founding member of the World Poetry Movement and of the European Association of Writing Programs, and he is National Coordinator for the U.N.-sponsored venture "Poets for Peace."

Seth Michelson is a poet, translator, and professor of poetry. He has received many awards for his writing, including winning the poetry category of the International Book Awards, an NEA, an Anna Davidson Rosenberg Award, and a poetry prize from Split This Rock. He has been invited to read his poetry across the United States, as well as in Argentina, Uruguay, Armenia, Kenya, Germany, and India, among elsewhere. His recent books of poetry include *Swimming Through Fire* and *Eyes Like Broken Windows*. Among his nine books of poetry in translation are *The Ghetto* (Tamara Kamenszain, Argentina), *The Red Song* (Melisa Machado, Uruguay), *Poems from the Disaster* (Zulema Moret, Argentina/Spain), *roly poly* (Victoria Estol, Uruguay), and *Scripted in the Streams* (Rati Saxena, India.) He also edited and translated the anthology *Dreaming America: Voices of Undocumented Youth in Maximum-Security Prison*. He teaches the poetry of the Americas at Washington and Lee University, as well as in the most restrictive maximum-security prison in the U.S. for undocumented, unaccompanied youth. He welcomes contact through his website, sethmichelson.com.

www.ingramcontent.com/pod-product-compliance
Lightning Source LLC
LaVergne TN
LVHW091121080826
845145LV00008B/2006

* 9 7 8 1 9 4 4 6 9 7 5 5 6 *